会计基础模拟实训

（第2版）

主　编　于家臻　陈洪法
副主编　田晓静　郭成岩

电子工业出版社·

Publishing House of Electronics Industry

北京·BEIJING

内 容 简 介

本书是中等职业学校会计专业实训教材,是为满足中等职业学校人才培养和技能要求,结合企业会计岗位工作实际而编写的。教材以"职业能力"为导向,按照会计工作过程,围绕主要会计岗位业务流程设计实训内容,包括基础实训、会计各岗位模拟实训和综合实训三部分,目的是引领学生体验会计工作过程,有效培养学生的实践操作能力。

本书以实用性为原则,理实一体,内容全面,并配大量的"实战演练"任务,既便于教师教学,又方便学生学习。

本书既可作为中等职业学校财经类会计、会计电算化、统计及金融等专业的教学用书,也可作为从事相关专业的职场人士充电、企业培训用书。

图书在版编目(CIP)数据

会计基础模拟实训/于家臻,陈洪法主编. —2 版. —北京:电子工业出版社,2019.7
ISBN 978-7-121-36930-8

Ⅰ. ①会… Ⅱ. ①于… ②陈… Ⅲ. ①会计学—中等专业学校—教学参考资料 Ⅳ. ①F230

中国版本图书馆 CIP 数据核字(2019)第 124533 号

责任编辑:徐 玲
印 刷:河北虎彩印刷有限公司
装 订:河北虎彩印刷有限公司
出版发行:电子工业出版社
　　　　　北京市海淀区万寿路 173 信箱　邮编 100036
开 本:787×1 092 1/16 印张:13.75 字数:345.6 千字
版 次:2015 年 8 月第 1 版
　　　　2019 年 7 月第 2 版
印 次:2025 年 8 月第 13 次印刷
定 价:35.00 元

凡所购买电子工业出版社图书有缺损问题,请向购买书店调换。若书店售缺,请与本社发行部联系,联系及邮购电话:(010)88254888,88258888。

质量投诉请发邮件至 zlts@phei.com.cn,盗版侵权举报请发邮件至 dbqq@phei.com.cn。

本书咨询联系方式:xuling@phei.com.cn。

前　言

近两年，财政部、国家税务总局陆续发布了很多会计和税收方面的政策文件，因此，本教材第 1 版内容已经滞后，无法适应新形势下会计专业教学的需要。为了紧扣国家最新的财政税收政策，促进职业学校教学改革，建设、配置优质的教学资源，有效培养既懂理论又会操作的会计专业人才，我们组织了有丰富实训教学经验的教师队伍对第 1 版教材进行了修订。

修订后的教材具有以下特点。

1. 体现职教特色，注重能力培养

本教材以"职业能力"为导向，突出"做中学、做中教"的职业教育特色，按照企业会计工作过程，紧紧围绕主要岗位业务流程设计实训内容，旨在引领学生体验会计工作过程，培养学生实践操作能力，从而实现教学过程与工作过程的有效对接。

2. 突出实战演练，强化实训操作

本教材设计了基础实训、会计各岗位模拟实训和综合实训三个模块。其中，基础实训主要包括：各类原始凭证的认知、填制与审核；记账凭证的填制与审核；主要会计账簿的设置与登记；财务报表的编制等。会计各岗位模拟实训包括出纳岗位、会计岗位和会计主管岗位的模拟实训。为了给学生一个整体感受会计工作过程、业务处理程序的实战体验，还安排了一套综合实训，由浅入深、由部分到整体，从而帮助学生由理论指导到实践操作、由分岗实训到综合训练，逐步掌握会计核算的基本方法和实际操作。

3. 贴近工作实际，体验真实环境

本教材在编写过程中遵循会计准则的要求，力求贴近企业会计工作的实际，采用了实际工作中的最新发票、银行结算凭证等原始凭证，仿真性强，为学生提供了较为真实的会计工作环境；而且模拟实训中所用的账表均采用单面印刷，这样便于学生模拟操作时使用，提高实训的仿真效果。

4. 内容难度适中，文字通俗易懂

为便于学生学习，本教材尽量做到深入浅出、易学易懂；同时，本教材文字简练，图文并茂，理实一体，互动性强，既注重对学生岗位知识的传授，又注重对学生岗位技能操作的培养。

本教材除了保持以上特色外，还对以下内容进行了修订。

（1）增值税专用发票、增值税普通发票、通用机打发票等发票采用 2019 年最新版的票样。

（2）对企业财务报表（包括资产负债表和利润表）的格式进行了修改，并充实了两个报表的填制方法。

本教材由高级讲师于家臻、高级教师陈洪法担任主编，田晓静、郭成岩担任副主编。

参与本教材编写的人员有于家臻、陈洪法、田晓静、郭成岩、杨玉美、方芳、郭继英。全书由陈洪法负责统稿，于家臻总纂并定稿。

本教材在编写过程中参考了部分专家、教材和网站的一些最新资料，在此一并表示感谢。

由于编写人员的阅历、水平所限，加之编写时间仓促，书中的疏漏与不当之处在所难免，敬请有关专家和读者批评指正。

编　者

2019 年 5 月

目　录

模块一

模拟企业资料

本教材各模块均采用一家模拟企业的资料。

一、模拟企业基本情况

本教材模拟企业的基本情况如表 1-1-1 所示。

表 1-1-1　模拟企业基本情况一览表

企业名称	滨海市昌盛有限公司
注册地址	滨海市阳城区华阳路 369 号
企业类型	有限责任公司
联系电话	88998899
法人代表	张胜昌
注册资本	陆佰捌拾万元整
经营范围	生产销售甲、乙两种产品
统一社会信用代码	913711120140106369
开户银行	中国工商银行滨海支行华阳营业部
开户银行账号	3000001173269158
预留银行印鉴	
发票专用章	
出纳收付章（简）	
备注	

二、公司各部门职责

公司各部门职责如表 1-1-2 所示。

表 1-1-2　　滨海市昌盛有限公司各职能部门职责一览表

部门名称	部门职责
生产部	主要负责生产车间甲、乙产品的生产等工作
供应部	主要负责采购 A、B 材料及其他材料、存货储运等工作
销售部	主要负责产品销售、客户服务等工作
财务部	主要负责财务、出纳、成本计算等工作
人力资源部	主要负责人员招聘、解聘和考核工作
办公室	主要负责行政后勤管理等工作

三、财务部人员分工

财务部人员分工如表 1-1-3 所示。

表 1-1-3　　滨海市昌盛有限公司财务部人员分工一览表

姓　　名	分　　工
李盛利	财务部负责人，主管审核、总账登记、编制报表工作
刘惠	会计人员，主要负责日常的会计核算工作
陈玮	出纳人员，主要负责出纳工作
张丽	仓库保管员，主要负责仓库保管工作

四、会计核算相关规定

本公司采用的会计核算相关规定如表 1-1-4 所示。

表 1-1-4　　滨海市昌盛有限公司会计核算相关规定一览表

会计核算相关规定	内　　容	
账务处理程序	根据会计模拟的需要确定	
记账凭证	根据会计模拟的需要确定	
存货核算	按实际成本计价，发出时采用月末一次加权平均法	
税种及税率	税　　种	税　率
	增值税（一般纳税人）	13%
	城市维护建设税	7%
	教育费附加	3%
	企业所得税	25%
当期损益结转	账结法	
执行要求	执行 2010 年企业会计准则、2019 年最新税法	
核算资料年度	2019 年度	

模块二

基础实训

实训一 原始凭证

实训目的

通过训练，掌握原始凭证填制的基本规定，能根据规定填制企业发生的一些常见经济业务的原始凭证，并能按照相关规定对原始凭证进行审核。

实训指导

一、原始凭证的基本内容

各种原始凭证应具备以下一些共同的基本内容，也称凭证要素：

1. 原始凭证的名称及编号；
2. 填制原始凭证的日期；
3. 接受原始凭证的单位名称或个人姓名；
4. 经济业务的内容，如商品名称、规格、型号等；
5. 经济业务的计量单位、单价、数量和金额；
6. 填制原始凭证的单位签章或者填制人姓名；
7. 经办人员或负责人的签名或者盖章。

二、原始凭证填制的要求

（一）填制原始凭证时应遵循的基本要求

填制原始凭证时，应遵循的基本要求如表 2-1-1 所示。

表 2-1-1 原始凭证填制的基本要求

内容真实	原始凭证填制的日期、经济业务内容和数字必须是经济业务发生或完成的实际情况，不得弄虚作假，不得以匡算数或估计数填入，不得涂改、挖补
填制及时	原始凭证必须在经济业务发生或完成时及时填制或及时取得，并按照法定程序传递，做到不拖延、不积压、不事后补填，并按规定的程序审核，以便据此填制记账凭证
内容完整	必须按照规定的原始凭证基本要素逐项填写齐全，不得遗漏或简略；有关经办单位和人员必须按法规要求认真签章，做到责任明确，各负其责
填写清楚	原始凭证要求文字清楚、工整、易于辨析，不得臆造文字；业务内容应简明扼要；业务数量、单位和金额要按规定填写

续表

手续完备	单位自制的原始凭证必须有经办单位领导或其他指定人员的签名或盖章。从外单位取得的原始凭证，必须盖有填制单位的公章；从个人处取得的原始凭证，必须有填制人员的签名或盖章。对外开出的原始凭证，必须加盖本单位的公章
编号连续	各种凭证要连续编号，以便检查。如果原始凭证已预先印定编号，在写坏作废时，应当加盖"作废"戳记，妥善保管，不得撕毁
不得变造	任何凭证不得涂改、刮擦、挖补。原始凭证金额有错误的，应当由出具单位重开，不得在原始凭证上更正。原始凭证有其他错误的，应当由出具单位重开或更正，更正处应当加盖出具单位印章

（二）填制原始凭证的具体要求

1. 记录要真实。

原始凭证所填列的经济业务内容和数字必须真实可靠，符合实际情况。

2. 内容要完整。

原始凭证所要求填列的项目内容必须齐全，不得遗漏和省略。

3. 手续要完备。

单位自制的原始凭证必须有经办单位领导或其他指定人员的签名或盖章。从外单位取得的原始凭证，必须盖有填制单位的公章；从个人处取得的原始凭证，必须有填制人员的签名或盖章。对外开出的原始凭证，必须加盖本单位的公章。

总之，取得的原始凭证必须符合手续完备的要求，以明确经济责任，确保原始凭证的合法性、真实性。

4. 书写要清楚、规范。

原始凭证要按规定书写，文字要简明，字迹要清楚，易于辨认，不得使用未经国务院公布的简化汉字。

① 大小写金额必须相符并书写规范，小写金额用阿拉伯数字逐个书写，不得连笔写。在金额前面应当书写货币币种符号。币种符号与阿拉伯数字金额之间不得留有空白。凡阿拉伯数字前写有币种符号的，数字后面不再写货币单位。

② 所有以元为单位（其他货币种类为货币基本单位，下同）的阿拉伯数字，除表示单价等情况外，一律填写到角、分；无角、分的，角位和分位可写"00"，或者加符号"—"；有角无分的，分位应当写"0"，不得用符号"—"代替。

③ 阿拉伯金额数字中间有"0"时，汉字大写金额要写"零"字；阿拉伯数字金额中间连续有几个"0"时，汉字大写金额中可以只写一个"零"字；阿拉伯金额数字元位是"0"，或者数字中间连续有几个"0"、元位也是"0"但角位不是"0"时，汉字大写金额可以只写一个"零"字，也可以不写"零"字。

④ 汉字大写数字金额用零、壹、贰、叁、肆、伍、陆、柒、捌、玖、拾、佰、仟、万、亿等，一律用正楷或者行书体书写。

⑤ 大写金额数字前未印有货币名称的，应当加填货币名称，货币名称与金额数字之间不得留有空白。

⑥ 大写金额数字到元或者角为止的，在"元"或者"角"字之后应当写"整"字或者"正"字；大写金额数字有分的，"分"字后面不写"整"字或者"正"字。

5. 编号要连续。如果原始凭证已预先印定编号，在写坏作废时，应当加盖"作废"戳记，妥善保管，不得撕毁。

6. 原始凭证不得涂改、挖补，原始凭证有错误的，应当由出具单位重开或者更正，更正处应当加盖出具单位的印章。如果金额错误，只能重开，不得更正。

7. 填制凭证要及时。各种原始凭证一定要及时填写，并按规定程序及时送交会计机构、会计人员进行审核。

三、填制原始凭证时应注意的问题

1. 购买实物的原始凭证，必须有验收证明。

2. 一式几联的原始凭证，应当注明各联的用途，只能以一联作为报销凭证。一式几联的发票和收据，必须用双面复写纸（本身具备复写功能的除外）套写，填写错误作废时，应当加盖"作废"戳记，连同存根一起保存，不得撕毁。

3. 发生销货退回的，除填制退货发票外，还必须有退货验收证明；退款时，必须取得对方的收款收据或者汇款银行的凭证，不得以退货发票代替收据。

4. 职工外出借款凭据，必须附在记账凭证之后。收回借款时，应当另开收据或者退还借据副本，不得退还原借款收据。

5. 经上级有关部门批准的经济业务，应当将批准文件作为原始凭证附件。如果批准文件需要单独归档的，应当在凭证上注明批准机关名称、日期和文件字号。

6. 支付款项的原始凭证，必须有收款单位或收款人的收款证明。不能仅以支付款项的有关凭证来代替。

四、原始凭证的审核

1. 审核原始凭证的真实性。包括日期是否真实、业务内容是否真实、数据是否真实等，对于通用凭证还应审核凭证本身的真实性，以防假冒。

2. 审核原始凭证的合法性。经济业务是否符合国家有关政策、法规、制度的规定，是否有违法乱纪等行为。

3. 审核原始凭证的合理性。原始凭证所记录经济业务是否符合企业生产经营活动的需要、是否符合有关的计划和预算等。

4. 审核原始凭证的完整性。其审核的主要内容如表 2-1-2 所示。

表 2-1-2　原始凭证的完整性审核内容表

审核凭证内容	凭证名称、填制日期、填制名称、填制人姓名、经办人签章、接受凭证单位名称、经济业务内容及数量、单价和金额
审核凭证金额	凡需填写大、小写金额的，大写与小写金额必须相符；购买实物的，必须有验收证明；支付款项的，必须有收款单位或收款人的收款证明
审核凭证各联	一式几联的，必须注明各联用途，只能以其中一联作为报销凭证；一式几联的发票或收据，各联必须一次性复写且必须写透，并连续编号
审核凭证签章	从外单位取得的，必须盖有填制单位的公章（或财务章）和填制人的姓名；自制原始凭证，必须有经办部门领导或者指定人员签名或盖章；对外开出的，必须加盖本单位公章（或财务章）

5. 审核原始凭证的正确性。包括数字是否清晰，文字是否工整，书写是否规范，凭证联次是否正确，大小写金额是否相等，有无刮擦、涂改和挖补等。

原始凭证有错误的，应当由出具单位重开或更正，更正处应当加盖出具单位印章。原始凭证金额有错误的，应当由出具单位重开，不得在原始凭证上更正。

6. 审核原始凭证的及时性。在经济业务发生或完成时要及时填制原始凭证，及时进行传递，跨月跨年做账时，审核及时性尤为重要，注意审核凭证的填制日期。

实战演练

任务一　填制现金支票

【资料】2019 年 7 月 10 日，行政部张明申请预借差旅费 5000 元，主管领导已批准，出纳员陈玮按规定程序填制一张中国工商银行现金支票，到开户银行提取现金 5000 元，备用。

【要求】请以出纳员陈玮的身份，根据上述资料和有关规定，正确填制一张现金支票，如表 2-1-3 和表 2-1-4 所示。

表 2-1-3　现金支票

中国工商银行现金支票存根（滨）XⅡ04448661 附加信息 _____ 日期 年 月 日 收款人： 金额： 用途： 单位主管 会计	本支票付款期限十天	中国工商银行现金支票（滨） XⅡ04448661 出票日期（大写） 年 月 日 付款行名称： 收款人： 出票人账号： 人民币（大写） 千百十万千百十元角分 用途： 上列款项请从 我账户内支付 复核 记账 出票人签章：

表 2-1-4　现金支票背面

附加信息：		收款人签章 年 月 日	（粘贴单处）
身份证件名称：	发证机关：		
号码			

任务二　填制转账支票

【资料】2019 年 7 月 15 日，滨海市昌盛有限公司从滨海市光明有限公司购入 A 材料 10 吨，滨海市光明有限公司已开具增值税专用发票，如表 2-1-5 所示，滨海市昌盛有限公司签发一张转账支票付款。

表 2-1-5

370111567321　滨海增值税专用发票　№ 5310692580

机器编号：300042158932　　　　　　发票联　　　开票日期：2019 年 07 月 15 日

购买方	名　　称：滨海市昌盛有限公司 纳税人识别号：913711120140106369 地址、电话：滨海市阳城区华阳路 369 号　88998899 开户行及账号：中国工商银行滨海支行华阳营业部 3000001173269158	密码区	2<>30-2+8+9<+6-1+874< 5>+5960/4326776-/-+/9> 3<11/5<1++/22028*44/0 5>5<22>>2*09/>>29	加密版本号 61 1100036931 06958723

货物或应税劳务名称	规格型号	单位	数量	单价	金额	税率	税额
*金属制品*A 材料	10×20	吨	10	1200	12000.00	13%	1560.00
合　　计					¥12000.00		¥1560.00

价税合计（大写）	⊗壹万叁仟伍佰陆拾元整		（小写）¥13560.00

销售方	名　　称：滨海市光明有限公司 纳税人识别号：911130432586325412 地址、电话：滨海市四环路 7 号　89177456 开户行及账号：中国银行滨海支行　1045236524113	备注	

收款人：×××　　　复核：×××　　　开票人：×××　　　销售方：（章）

第三联：发票联　购买方记账凭证

【要求】根据上述增值税专用发票（见表 2-1-5），按相关规定正确填制一张转账支票（见表 2-1-6）支付给滨海市光明有限公司，结算货款。

表 2-1-6　转账支票

中国工商银行 转账支票存根（滨） ⅩⅡ 325589012 附加信息 _____ _____ _____ 日期　年　月　日 收款人： 金　额： 用　途： 单位主管　　会计	本支票付款期限十天	中国工商银行转账支票（滨）　　ⅩⅡ 325589012 出票日期（大写）　　年　月　日　付款行名称： 收款人　　　　　　　　　　　　　出票人账号： 人民币 （大写）　　　　　　　　千百十万千百十元角分 用途：_____ 上列款项请从 我账户内支付　　　　　　　　　复核　　　记账 出票人签章：

任务三　填制增值税专用发票

【资料】2019 年 7 月 15 日，滨海市昌盛有限公司根据销售合同销售给客户青岛天蓝公司乙产品 100 件，单价为 500 元，增值税税率为 13%。滨海市昌盛有限公司开具增值税专用发票给青岛天蓝公司。

青岛天蓝公司有关资料如下：

纳税人识别号：937025789687512003

地　址、电　话：青岛市深圳路1200号　88802750

开户行及账号：中国银行青岛支行　567218066531009

【要求】根据上述资料，按增值税专用发票的填制要求，开具一张增值税专用发票（增值税专用发票基本联次至少一式三联：发票联、抵扣联、记账联，需机打），如表2-1-7所示。

表2-1-7

370111567323　　　滨海增值税专用发票　　　№ 5310692824

发票联

开票日期：

购买方	名　　　称：							密码区	
	纳税人识别号：								
	地　址、电　话：								
	开户行及账号：								
货物或应税劳务名称	规格型号	单位	数量	单价	金额	税率	税额
合　　　计							
价税合计（大写）						（小写）¥_____	
销售方	名　　　称：							备注	
	纳税人识别号：								
	地　址、电　话：								
	开户行及账号：								

第三联：发票联　购买方记账凭证

收款人：×××　　　复核：×××　　　开票人：×××　　　销售方：（章）

任务四　填制普通发票（需机打）

【资料】滨海市东方有限公司为小规模纳税人，2019年7月20日为滨海市昌盛有限公司提供一项服务，收取服务费用1000元，收到现金，东方公司为昌盛公司开具了普通发票一张，如表2-1-8所示。

表2-1-8

滨海通用机打发票

发票联

开票日期：　　　　行业分类：　　　　　　　发票代码

发票号码

云港公司 2019 年 1 月印 1000000 份

第一联 发票联（购买方付款凭证）（手开无效）

开具金额合计限壹万元（含），万元以上无效

收款方滨海市东方有限公司的基本资料为：纳税人识别号123701124611200963，开户银行为东方银行，银行账号为6224524300112047236，地址是滨海市邵北路201号，联系电话77667766。

【要求】请根据上述资料，按照发票开具的要求，以东方公司的身份为昌盛公司开具一张普通发票，如表2-1-8所示（普通发票基本联次为发票联、记账联，需要机打）。

任务五 填制收料单

【资料】2019年7月20日，滨海市昌盛有限公司从光明公司购入A材料10吨，货已到，验收入库，填写收料单，相关人员签名盖章。会计人员已收到增值税专用发票和运杂费发票，如表2-1-9和表2-1-10所示。

表2-1-9

表2-1-10

有关 A 材料入库时的相关资料为：材料编号为 1-003，材料类别为"原料类"，保管仓库为"原料库"。

【要求】根据表 2-1-9 与表 2-1-10 所示的资料及入库时的相关资料，按有关规定正确填制一张材料入库的收料单（见表 2-1-11），收料单根据企业的实际情况一般也需要一式几联，套写。常见的联次有存根联（验收留存）、记账联（交会计）、保管联（交仓管）。

表 2-1-11

滨海市昌盛有限公司收料单

供应单位：　　　　　　　　　年　月　日　　　　　　　收料单编号：

材料类别：　　　　　　　　　　　　　　　　　　　　　收料仓库：

编号	名称	规格	单位	数量		实际成本					备注	此联 记账联
				应收	实收	买价		运杂费	其他	合计		
						单价	金额					
合　　计												

主管：×××　　采购员：×××　　检验员：×××　　记账员：×××　　保管员：×××

任务六　填制领料单

【资料】2019 年 7 月 21 日，基本生产车间生产甲产品，需要领用 A 材料 2 吨，每吨的实际成本为 1400 元，填写领料单，到原料库领用材料，相关人员签名盖章。其他所需资料请参考任务五。

【要求】根据上述资料，按有关规定正确、完整地填写一张领料单，如表 2-1-12 所示。领料单根据企业的实际情况，一般需要设置一式几联，套写。常见的联次有存根联（领料部门留存）、保管联（交仓库）、记账联（交会计）。

表 2-1-12

滨海市昌盛有限公司领料单

　　　　　　　　　　　　　　　　　　　　　　　　　　　编　　号：_____

领料部门：　　　　　　　　　　　年　月　日　　　　　发料仓库：_____

编号	类别	名称及规格	计量单位	数量		金额										此联 记账联
				请领	实领	单价	百	十	万	千	百	十	元	角	分	
用途						合计										

主管：　　审批：　　保管：　　记账：　　领料：

任务七　填制收款收据

【资料】2019 年 7 月 22 日，滨海市昌盛有限公司将 10 个包装产品的木桶出租给滨海市东方有限公司，收取押金 800 元，现金收讫，滨海市昌盛有限公司由出纳员陈玮负责收款并开具收据，如表 2-1-13 所示。

表 2-1-13

收款收据

年　月　日　　　　　№ 200756

此联　记账联

交款单位＿＿＿＿＿＿＿＿＿＿＿　　收款方式＿＿＿＿＿＿

收款事由＿＿＿＿＿＿＿＿＿＿＿＿＿＿＿＿＿＿＿＿＿＿

人民币（大写）＿＿＿＿＿＿＿＿＿＿＿＿＿＿＿　¥＿＿＿＿

收款单位（盖章）　会计主管：　审核：　记账：　出纳：　经办：

【要求】请以出纳员陈玮的身份，根据上述资料和有关规定正确填制一张收款收据（见表 2-1-13）。收款收据常见的联次一般为一式三联：存根联，记账联（交会计），收据联（交付款方），需套写。

任务八　填制银行进账单

【资料】2019 年 7 月 22 日，滨海市昌盛有限公司将闲置的 A 材料销售给滨海市东方有限公司，收到滨海市东方有限公司的一张转账支票，出纳员陈玮持支票到开户银行办理划款。有关票据资料如表 2-1-14 和表 2-1-15 所示。

表 2-1-14

370111567147　　滨海增值税专用发票　　№ 68901369

机器编号：300042158932　　此联不作报销抵扣凭证使用　　开票日期：2019 年 07 月 22 日

购买方	名　称：滨海市东方有限公司 纳税人识别号：3711120145000678666 地址、电话：滨海市海阳区人民路 19 号 66235156 开户行及账号：中国工商银行海阳支行 6051231173280613				密码区	2<>30-2+8+9<+6-1+874<　加密版本号 5>+5960/4326776-/-+/9> 65 3<11/5<1++/22028*44/0　1100036931 5>5<22->>2*09/>>29　06958723		第一联：记账联　销售方记账凭证
货物或应税劳务名称	规格型号	单位	数量	单价	金额	税率	税额	
*金属制品*A 材料	10×20	吨	1	2000	2000.00	13%	260.00	
合　　计					¥2000.00		¥260.00	
价税合计（大写）⊗贰仟贰佰陆拾元整					（小写）¥2260.00			
销售方	名　称：滨海市昌盛有限公司 纳税人识别号：913711120140106369 地址、电话：滨海市阳城区华阳路 369 号 88998899 开户行及账号：中国工商银行滨海支行华阳营业部 3000001173269158				备注	滨海市昌盛有限公司 913711120140106369 发票专用章		

收款人：×××　　　复核：×××　　　开票人：×××　　　销售方：（章）

表 2-1-15

中国工商银行转账支票（滨）　　XⅡ32558031247

出票日期（大写）贰零壹玖年零柒月贰拾贰日　　付款行名称：中国工商银行海阳支行
收款人：滨海市昌盛有限公司　　出票人账号：6051231173280613

人民币（大写）	贰仟贰佰陆拾元整	千	百	十	万	千	百	十	元	角	分
						¥	2	2	6	0	0	0

用途：支付货款
上列款项请从
我账户内支付
出票人签章：　　复核　　记账

本支票付款期限十天

【要求】请以出纳员陈玮的身份，持支票到开户银行办理划款，填制一张进账单。进账单一式三联：第一联回单（交持票人），第二联贷方凭证（收款人开户行作贷方凭证），第三联收账通知，要套写。根据上述资料，按要求准确、完整地完成银行进账单的填制，如表 2-1-16 所示。

表 2-1-16

中国工商银行**进账单**（收账通知）　**3**

年　月　日

出票人	全称		收款人	全称	
	账号			账号	
	开户银行			开户银行	

人民币（大写）		千	百	十	万	千	百	十	元	角	分

票据种类		票据张数	
票据号码			

复核　　记账

收款人开户银行盖章

此联是收款人开户行交给收款人的收账通知

任务九　填制差旅费报销单

【资料】2019 年 7 月 26 日，行政部李铭出差（参加产品订货会，原预借 900 元）归来报销差旅费。相关资料如下：

① 公司规定：出差期间市内交通费每天补贴 20 元，伙食补贴每天 50 元，且均按自然天数计算。住宿费按实际住宿天数计算，以发票为据报销。

② 出差期间的有关单据如表 2-1-17～表 2-1-19 所示。

表 2-1-17　　火车票

```
176A039323                         滨海 ⑬
2019 年 07 月 22 日 8:32 开          14 车 16C 号
    滨  海        D6012 次           济  南
    Bin  Hai     ————————▶          Ji  Nan
    ¥145.00 元
    限乘当日当次车    二楼 A2A3 候车
    李铭    3703031978****2378
```

表 2-1-18　　火车票

```
176A039324                         济南 ⑬
2019 年 07 月 25 日 18:00 开         12 车 5D 号
    济  南        D6013 次           滨  海
    Ji  Nan      ————————▶          Bin  Hai
    ¥145.00 元
    限乘当日当次车    一楼 A1A2 候车
    李铭    3703031978****2378
```

表 2-1-19

山东通用机打发票
发票联

发票代码 32205680778
发票号码 5012317801

开票日期：2019-07-25　　行业分类：住宿业

付款方名称：滨海市昌盛有限公司			付款方识别号：913711120140106369		
付款方地址：滨海市阳城区华阳路 369 号			付款方电话：88998899		
开票项目	规格/型号	单位	数量	单价	金额
*住宿服务*住宿费		天	4	200.00	800.00
备注：					
总计金额：¥800.00			金额大写：捌佰元整		
收款方名称：济南市帝豪大酒店有限公司			收款方识别号：912301567890124006		
收款方地址：济南市义和街北路 356 号			收款方电话：66778899		
查验码：132099871401220601687115			开票人：王莉莉		

第一联 发票联（购买方付款凭证）（手开无效）

南港公司 2019 年 1 月印 1000000 份

开具金额合计限壹万元（含），万元以上无效

【要求】根据以上资料完成下列各问题。

① 准确计算各项差旅费的实际发生金额；

② 按照公司的规定，计算确定李铭应报销费用金额及预借差旅费的结余或超支额；

③ 按要求准确、完整地完成差旅费报销单的填制，如表 2-1-20 所示。

表 2-1-20

差 旅 费 报 销 单

单位：   年   月   日

姓　　名				出差事由						附单据
起止日期	出发地	到达地	市内交通补助		伙食补贴		车/船/机票		住宿费	合计
			天数	金额	天数	金额	张数	金额	（__天）	金额
										张
合　　计										
报销金额合计人民币（大写）：							¥_____			
预借金额：¥_____					结余或超支：¥_____					

单位负责人：   会计主管：   会计：   出纳员：   出差人：

任务十　填制产品入库单

【资料】2019 年 7 月 31 日，基本生产车间生产完工甲产品 200 件，经检验全部合格，验收入库，填制产成品入库单，相关人员签名、盖章，产品成本计算单如表 2-1-21 所示。有关资料如下：

甲产品编号：1-002
甲产品型号：Ⅱ型
甲产品保管仓库：产成品 1 库

表 2-1-21

产 品 成 本 计 算 单

产成品数量：200 件　　　　　　　　　　　　　　　在产品数量：0 件
产品名称：甲产品　　　　　　2019 年 07 月 31 日　　　　　单位：元

项　目	直接材料	直接人工	制造费用	合　计
月初在产品成本	12000.00	2000.00	2500.00	16500.00
本月生产费用	40000.00	6000.00	7500.00	53500.00
生产费用合计	52000.00	8000.00	10000.00	70000.00
产品单位成本	260.00	40.00	50.00	350.00
本月完工产品成本	52000.00	8000.00	10000.00	70000.00

【要求】请根据以上资料，按相关规定准确、完整地填制一张产品入库单，如表 2-1-22 所示。产品入库单根据企业的实际情况，一般需要设置一式几联，套写。常见的联次有存根联、保管联（交仓库）、记账联（交会计）。

表 2-1-22

滨海市昌盛有限公司产品入库单

仓库：_____　　　　　　　年　月　日　　　　　　第×××号

编号	类别	产品名称	规格型号	计量单位	数量		单价	金 额										备注	
					送交数量	实收数量		千	百	十	万	千	百	十	元	角	分		此联
																			记账联
合　计																		

主管：×××　　　会计：×××　　　质检员：×××　　　保管员：×××　　　经手人：×××

任务十一　填制产品出库单

【资料】2019 年 7 月 31 日，滨海市昌盛有限公司根据销售合同销售给客户济南创富公司甲产品Ⅱ型（产品编号：1-002）100 件，销售部填写出库单，经有关部门、人员签名盖章，已经办理产品出库，从产成品 1 库提货发给济南创富公司。经会计核算每件甲产品的成本为 350 元。

【要求】请根据以上资料，按相关要求准确、完整地填制一张产成品出库单，如表 2-1-23 所示。产品出库单根据企业的实际情况一般需要设置一式几联，套写。常见的联次有存根联、保管联（交仓库）、记账联（交会计）。

表 2-1-23

滨海市昌盛有限公司产品出库单

仓库：_____　　　　　　　年　月　日　　　　　　第×××号

销售（领用）部门							用途										
产品编号	产品名称	规格型号	单位	数量		单位成本	金额										
				请领数量	实发数量		亿	千	百	十	万	千	百	十	元	角	分
合　计																	

会计主管：×××　　　会计：×××　　　发货主管：×××　　　保管员：×××

任务十二　原始凭证审核

【资料 1】2019 年 7 月 8 日，滨海市昌盛有限公司收到常林公司开具的一张收据：滨海市昌盛有限公司交给常林公司违约金 800 元，现金支付。

【要求】请根据原始凭证审核的要求，检查上述原始凭证（收款收据如表 2-1-24 所示）存在的问题，并指出其不符合审核要求的地方。

表 2-1-24

收款收据

2019 年 07 月 08 日　　　　　№ 200756

交款单位	滨海市昌盛有限公司		收款方式	现金

收款事由　达约金　　　　　　　　　　　　　　　　¥800.00

人民币（大写）捌佰元整　　　　　　　　　　　　　¥8000.00

收款单位（盖章）　会计主管：王刚　审核章　记账：李婵东　　出纳：陈洁　　经办：王华

（此联 记账联）

【资料 2】2019 年 7 月 26 日，行政部李铭出差去济南开会归来报销差旅费。其提交的差旅费报销单如表 2-1-25 和表 2-1-26 所示。

表 2-1-25　差旅费报销单（正面）

差 旅 费 报 销 单

单位：滨海市昌盛有限公司　　　　　　　2019 年 07 月 26 日

姓 名			李铭		出差事由		参加产品展览会			
起止日期	出发地	到达地	市内交通补助		伙食补贴		车/船/机票		住宿费	合计
			天数	金额	天数	金额	张数	金额	（__天）	金额
7 月 25 日	滨海	济南	1	20	1	50.00	1	145.00		215.00
7 月 25 日	济南	滨海					1	145.00		145.00
合 计			1	20	1	50.00	2	290.00		360.00

附单据 2 张

报销金额合计人民币（大写）叁佰陆拾元整　　　　　¥360.00

预借金额：¥360.00　　　　　　　　　结余或超支：¥0.00

单位负责人：张胜昌　　会计主管：李盛利　　会计：刘惠　　出纳员：陈玮　　出差人：

表 2-1-26　差旅费报销单（背面）

176A039323　　　　　　　滨海 🚄	176A039324　　　　　　　济南 🚄
2019 年 07 月 25 日 8:32 开　14 车 16C 号	2019 年 07 月 06 日 18:00 开　21 车 5D 号
滨海　D6012 次　济南	济南　D6013 次　滨海
Bin Hai ➡ Ji Nan	Ji Nan ➡ Bin Hai
¥145.00 元	¥145.00 元
限乘当日当次车　二楼 A2A3 候车	限乘当日当次车　一楼 A1A2 候车
李铭　3703031978****2378	李铭　3703031978****2378

【要求】请根据原始凭证审核的要求，检查填制的差旅费报销单，指出存在的问题，并指出其不符合审核要求的地方。

【资料3】2019 年 7 月 20 日，滨海市昌盛有限公司销售给滨海市东方有限公司甲产品 10 件，价税款合计为 226000 元，滨海市昌盛有限公司收到滨海市东方有限公司签发的一张中国工商银行的转账支票，如表 2-1-27 所示。

表 2-1-27

中国工商银行转账支票（滨） XⅡ32558031247

本支票付款期限十天

出票日期（大写）贰零壹玖年零柒月叁日　　付款行名称：中国工商银行海阳支行

收款人：滨海市昌盛有限公司　　出票人账号：6051231173280613

人民币
（大写）贰拾贰万陆仟元整　　千百十万千百十元角分
　　　　　　　　　　　　　　　¥ 2 2 6 0 0 0 0 0 0

用途：支付货款

上列款项请从

我账户内支付

出票人签章：　　　复核　　　记账

【要求】请根据原始凭证审核的要求，检查上述原始凭证（转账支票如表 2-1-27 所示）存在的问题，并指出其不符合审核要求的地方。

【资料4】2019 年 7 月 17 日，滨海市昌盛有限公司从大华超市购入拖把、笤帚等物品，总金额为 300 元，收到一张普通发票，如表 2-1-28 所示。

表 2-1-28

滨海通用机打发票
发票联

发票代码 232040808011
发票号码 04112321

开票日期：2019-07-17　　行业分类：商业

付款方名称：滨海市昌盛有限公司	付款方识别号：913711120140106369
付款方地址：滨海市阳城区华阳路 369 号	付款方电话：88998899

开票项目	规格/型号	单位	数量	单价	金额
*日用杂品*拖把		个	4	25.00	100.00
*日用杂品*笤帚				10.00	200.00

备注：

总计金额：¥300.00　　金额大写：捌佰元整

收款方名称：滨海市大华超市　　收款方识别号：912301567890124752

收款方地址：滨海市何晨街北路 276 号　　收款方电话：66778822

查验码：13209987140122060168722226　　开票人：

开具金额合计限壹万元（含），万元以上无效

北港公司 2019 年 1 月印 1000000 份

第一联 发票联（购买方付款凭证）（手开无效）

【要求】请根据原始凭证审核的要求，检查上述原始凭证（普通发票如表 2-1-28 所示）存在的问题，并指出其不符合审核要求的地方。

【资料5】2019 年 7 月 22 日，滨海市昌盛有限公司从滨海市光明有限公司购入一批 A 材料，会计核算员当日收到一张滨海市光明有限公司开具的增值税专用发票，如表 2-1-29 所示。

表 2-1-29

滨海增值税专用发票

No 5310672834

发票联

机器编号：300042158935　　　　　开票日期：2019 年 07 月 22 日

购买方	名　称：滨海市昌盛有限公司 纳税人识别号：913711120140106369 地址、电话：滨海市阳城区华阳路 369 号 88998899 开户行及账号：中国工商银行滨海支行华阳营业部 3000001173269158	密码区	2<>30-2+8+9<+6-1+874<　加密版本号 5>+5960/4326776-/-+/9> 85 3<11/5<1++/22028*44/0　1100036931 5>5<22->>2*09/>>29　06958723

货物或应税劳务名称	规格型号	单位	数量	单价	金额	税率	税额
*金属制品*A 材料	10×20	吨	10	1200	12000.00	13%	1560.00
合计					¥12000.00		¥1560.00

价税合计（大写）⊗壹万贰仟元整　　　　　　（小写）¥12000.00

销售方	名　称：滨海市光明有限公司 纳税人识别号：911130432586325412 地址、电话：滨海市四环路 7 号 89177456 开户行及账号：中国银行滨海支行 1045236524113	备注	

收款人：×××　　　复核：×××　　　开票人：×××　　　销售方：（章）

【要求】请根据原始凭证审核的要求，检查上述原始凭证（增值税专用发票如表 2-1-29 所示）存在的问题，并指出其不符合审核要求的地方。

实训二　记账凭证

实训目的

通过训练，掌握关于记账凭证填制的基本规定；能根据企业常见经济业务的原始凭证，规范地填制不同种类的记账凭证；并能按照相关规定对记账凭证进行审核。

实训指导

一、记账凭证的种类

记账凭证根据其记录反映的内容不同可以分为收款凭证、付款凭证、转账凭证。也可以根据企业的实际情况使用格式统一的通用记账凭证。

常见的专用记账凭证格式如表 2-2-1、表 2-2-2 和表 2-2-3 所示。

表 2-2-1

收 款 凭 证

装订顺序第____号

借方科目：　　　　　　　　　年　月　日　　　　　　　收字第____号

摘　要	贷　方　科　目		金　额										记账
	一级科目	明细科目	千	百	十	万	千	百	十	元	角	分	(√)
合　　　　计													

财务主管：　　审核：　　记账：　　出纳：　　制单：

附件　张

表 2-2-2

付 款 凭 证

装订顺序第____号

贷方科目：　　　　　　　　　年　月　日　　　　　　　付字第____号

摘　要	借　方　科　目		金　额										记账
	一级科目	明细科目	千	百	十	万	千	百	十	元	角	分	(√)
合　　　　计													

财务主管：　　审核：　　记账：　　出纳：　　制单：

附件　张

表 2-2-3

转 账 凭 证

装订顺序第____号

年　月　日　　　　　　　转字第____号

摘　要	一级科目	明细科目	借方金额										√	贷方金额										√
			千	百	十	万	千	百	十	元	角	分		千	百	十	万	千	百	十	元	角	分	
合　　　　计																								

财务主管：　　审核：　　记账：　　制单：

附件　张

通用记账凭证格式如表 2-2-4 所示。

表 2-2-4

记 账 凭 证

年　　月　　日　　　　　　　　　记字第＿＿号

摘　要	一级科目	明细科目	借方金额										✓	贷方金额										✓	
			千	百	十	万	千	百	十	元	角	分		千	百	十	万	千	百	十	元	角	分		附件
																									张
合　　　　计																									

财务主管：　　　　　审核：　　　　　记账：　　　　　出纳：　　　　　制单：

二、记账凭证基本内容

记账凭证的主要作用是对原始凭证进行分类、整理，按照复式记账的要求编制会计分录，因此必须具备以下基本内容：

1．记账凭证的名称；

2．填制记账凭证的日期；

3．记账凭证编号；

4．经济业务事项的内容摘要；

5．经济业务事项所涉及的会计科目及记账方向；

6．经济业务事项的金额；

7．记账标记"√"；

8．所附原始凭证的张数；

9．制单、审核、记账、会计主管等有关会计人员的签章，收、付款凭证还必须有出纳员的签章。

三、记账凭证填制的基本要求

1．记账凭证上所有项目必须填写完整。

记账凭证上的项目包括：编制记账凭证的日期、凭证编号；经济业务内容摘要；记账符号及会计科目名称和金额；所附原始凭证张数；有关人员的签章。

2．填制记账凭证时，应当对记账凭证进行连续编号。一笔经济业务需要填制一张以上记账凭证的，可以采用分数编号法。

3．记账凭证的书写应当清楚、规范。相关要求同原始凭证。

4．填制记账凭证的依据，必须是审核无误的原始凭证。可以根据每一张原始凭证填制，或者根据若干张同类原始凭证汇总填制，也可以根据原始凭证汇总表填制，但不得将不同内容和类别的原始凭证汇总填制在一张记账凭证上。

5．除结账和更正错误的记账凭证可以不附原始凭证外，其他记账凭证必须附有原始凭证。如果根据同一张原始凭证填制几张记账凭证时，可把原始凭证附在一张主要的记账凭证后面，并在其他几张凭证上注明"附件××张，见第××号凭证"或者附有原始凭证复印件。如果一张原始凭证所列支出需要几个单位共同负担的，应将各单位负担的部分开出原始凭证分割单，再进行结算。如果原始凭证需要另行保管，则应在附件栏内加以注明。

6．如果填制记账凭证发生错误，应当重新填制。对于已经登记入账的记账凭证，在当年内发现填写错误时，应用红字填写一张与原始凭证内容相同的凭证，在摘要栏内注明"注销某月某日某号凭证"。同时再用蓝字重新填制一张正确的记账凭证，要注明"订正某月某日某号凭证"。如果会计科目没有错误，只是金额错误，也可将正确数字与错误数字之间的差额，只编一张记账凭证。调增金额用蓝字，调减金额用红字。发现以前年度的错误时，用蓝字填制一张更正的记账凭证。

7．记账凭证填制完经济业务事项后，如有空行，应当自金额栏最后一笔金额数字下的空行处至合计数上的空行处划线注销。以堵塞漏洞，严密核算。

四、填制记账凭证应注意的问题

1．涉及"库存现金"和"银行存款"之间相互划转的经济业务，一般只编制付款凭证，不编制收款凭证，以强化对付款业务的管理，同时避免重复过账。

2．在同一项经济业务中，如果既有现金或银行存款的收付业务，又有转账业务时，应当相应地填制收、付款凭证和转账凭证。

3．在实际工作中，规模较小、业务较少的单位可以不根据经济业务内容分别填制收款、付款、转账凭证，而统一使用单一格式的记账凭证，即通用凭证。

五、记账凭证的审核

记账凭证审核的主要内容如下。

（1）内容是否真实。

审核记账凭证是否有原始凭证为依据，所附原始凭证的内容是否与记账凭证的内容一致，记账凭证汇总表的内容与其所依据的记账凭证的内容是否一致等。

（2）项目是否齐全。

审核记账凭证各项目的填写是否齐全，如日期、凭证编号、摘要、金额、所附原始凭证张数及有关人员签章等。

（3）科目是否正确。

审核记账凭证的应借、应贷科目是否正确，是否有明确的账户对应关系，所使用的会计科目是否符合国家统一的会计制度的规定等。

（4）金额是否一致。

审核记账凭证所记录的金额与原始凭证的有关金额是否一致、计算是否正确，记账凭证汇总表的金额与记账凭证的金额合计数是否相符等。

（5）书写是否规范。

审核记账凭证中的记录是否文字工整、数字清晰，是否按规定进行更正等。

在审核过程中，如果发现不符合要求的地方，应要求有关人员采取正确的方法进行更正。只有经过审核无误的记账凭证，才能作为登记账簿的依据。

（6）手续是否完备。

审核出纳人员在办理收款或付款业务后，是否已经在原始凭证上加盖"收讫"或"付讫"的戳记等。

实战演练

任务一　填制收款凭证

【资料 1】2019 年 7 月 10 日，企业发生一笔经济业务事项，会计人员收到的相关原始凭证如表 2-2-5 和表 2-2-6 所示。

表 2-2-5

滨海增值税专用发票　　№ 6890251789

370111567123

机器编号：300042158936　此联不作报销、抵扣凭证使用　开票日期：2019 年 07 月 10 日

购买方	名　　称：滨海市东方有限公司 纳税人识别号：371112014500678666 地址、电话：滨海市海阳区人民路 19 号 66235156 开户行及账号：中国工商银行海阳支行 6051231173280613	密码区	2<>30-2+8+9<+6-1+874< 5>+5960/4326776-/-+/9> 3<11/5<1++/22028*44/0 5>5<22->>2*09/>>29	加密版本号 61 1100036931 06958723

货物或应税劳务名称	规格型号	单位	数量	单价	金额	税率	税额
*金属制品*甲产品	JS20	件	100	400	40000.00	13%	5200.00
合计					¥40000.00		¥5200.00

价税合计（大写）⊗肆万伍仟贰佰元整	（小写）¥45200.00

销售方	名　　称：滨海市昌盛有限公司 纳税人识别号：913711120140106369 地址、电话：滨海市阳城区华阳路 369 号 88998899 开户行及账号：中国工商银行滨海支行华阳营业部 3000001173269158	备注	滨海市昌盛有限公司 913711120140106369 发票专用章

收款人：×××　　　复核：×××　　　开票人：×××　　　销售方：（章）

第一联：记账联　销售方记账凭证

表 2-2-6

中国工商银行进账单（收账通知）　　**3**

2019 年 07 月 10 日

出票人	全　称	滨海市东方有限公司	收款人	全　称	滨海市昌盛有限公司									
	账　号	6051231173280613		账　号	3000001173269158	百	十	万	千	百	十	元	角	分
	开户银行	中国工商银行海阳支行		开户银行	中国工商银行滨海支行华阳营业部									

人民币（大写）肆万伍仟贰佰元整		¥	4	5	2	0	0	0	0

票据种类	转账支票	票据张数	1 张	中国工商银行滨海支行 华阳营业部 2019.07.10 转讫
票据号码	564123890			
复核　　　　记账			收款人开户银行盖章	

此联是收款人开户行交给收款人的收账通知

【要求】根据上述原始凭证完成下列要求。

1．经济业务内容的具体描述：

2. 以会计刘惠的身份，填制完成一张收款凭证，如表 2-2-7 所示。

表 2-2-7

收 款 凭 证

借方科目：　　　　　　　　　　　年　　月　　日　　　　　　　　装订顺序第＿＿号

收字第＿＿号

摘　要	贷　方　科　目		金　额										记账
	一级科目	明细科目	千	百	十	万	千	百	十	元	角	分	（√）
合　　　计													

附件　张

财务主管：　　　审核：　　　记账：　　　出纳：　　　制单：

【资料2】2019 年 7 月 11 日，滨海市昌盛有限公司发生一笔经济业务事项，会计人员收到的相关原始凭证如表 2-2-8 所示。

表 2-2-8

收款收据

2019 年 07 月 11 日　　　　№ 200758

交款单位　滨海市东方有限公司　　　　　　　收款方式　　现

金

收款事由　包装物押金

人民币（大写）叁佰元整　　　　　　¥300.00

此联　记账联

收款单位（盖章）　　会计主管：李盛利　审核：刘超　记账：刘惠　出纳：陈玮　经办：陈玮

【要求】根据上述原始凭证完成下列要求。

1. 经济业务内容的具体描述：

2. 以会计刘惠的身份，填制完成一张收款凭证，如表 2-2-9 所示。

表 2-2-9

收款凭证

借方科目：　　　　　　　　　　年　月　日　　　　　　装订顺序第___号
　　　　　　　　　　　　　　　　　　　　　　　　　　　收字第___号

摘　要	贷　方　科　目		金　额										记账
	一级科目	明细科目	千	百	十	万	千	百	十	元	角	分	（√）
合　　　计													

财务主管：　　　审核：　　　记账：　　　出纳：　　　制单：

附件　张

任务二　填制付款凭证

【资料1】2019 年 7 月 20 日，滨海市昌盛有限公司发生一笔经济业务事项，会计人员收到的相关原始凭证如表 2-2-10～表 2-2-15 所示。

表 2-2-10

370111567126　　　滨海增值税专用发票　　　№ 6890251987

机器编号：300042158937　　　　　　　发票联　　　　开票日期：2019 年 07 月 20 日

| 购买方 | 名　　称：滨海市昌盛有限公司
纳税人识别号：913711120140106369
地址、电话：滨海市阳城区华阳路 369 号 88998899
开户行及账号：中国工商银行滨海支行华阳营业部　3000001173269158 | 密码区 | 2<>30-2+8+9<+6-1+874<　加密版本号
5>+5960/4326776-/-+/9> 61
3<11/5<1++/22028*44/0　1100036931
5>5<22->>2*09/>>29　06958723 |

货物或应税劳务名称	规格型号	单位	数量	单价	金额	税率	税额
*金属制品*A 材料	10×20	吨	10	1200	12000.00	13%	1560.00
合　　计					¥12000.00		¥1560.00

价税合计（大写）⊗壹万叁仟伍佰陆拾元整　　　　　　　　（小写）¥13560.00

| 销售方 | 名　　称：滨海市光明有限公司
纳税人识别号：911130432586325412
地址、电话：滨海市四环路 7 号 89177456
开户行及账号：中国银行滨海支行　1045236524113 | 备注 | |

收款人：×××　　　复核：×××　　　开票人：×××　　　销售方：（章）

第三联：发票联　购买方记账凭证

表 2-2-11

滨海增值税专用发票　№ 6890251987

370111567126

抵扣联

机器编号：300042158937　　　　　　　　开票日期：2019 年 07 月 20 日

第二联：抵扣联　购买方扣税凭证

购买方	名　　称：滨海市昌盛有限公司 纳税人识别号：913711120140106369 地址、电话：滨海市阳城区华阳路 369 号 88998899 开户行及账号：中国工商银行滨海支行华阳营业部 3000001173269158					密码区	2<>30-2+8+9<+6-1+874< 5>+5960/4326776-/-+/9> 3<11/5<1++/22028*44/0 5>5<22->>2*09/>>29	加密版本号 61 1100036931 06958723
货物或应税劳务名称	规格型号	单位	数量	单价	金额		税率	税额
*金属制品*A 材料	10×20	吨	10	1200	12000.00		13%	1560.00
合　　计					¥12000.00			¥1560.00
价税合计（大写）⊗壹万叁仟伍佰陆拾元整						（小写）¥13560.00		
销售方	名　　称：滨海市光明有限公司 纳税人识别号：911130432586325412 地址、电话：滨海市四环路 7 号 89177456 开户行及账号：中国银行滨海支行 1045236524113					备注		

收款人：×××　　　复核：×××　　　开票人：×××　　　销售方：（章）

表 2-2-12

滨海增值税专用发票　№ 00050030

370111567137

发票联

机器编号：300042158948　　　　　　　　开票日期：2019 年 07 月 20 日

第三联：发票联　购买方记账凭证

购买方	名　　称：滨海市昌盛有限公司 纳税人识别号：913711120140106369 地址、电话：滨海市阳城区华阳路 369 号 88998899 开户行及账号：中国工商银行滨海支行华阳营业部 3000001173269158					密码区	2<>30-2+8+9<+6-1+874< 5>+5960/4326776-/-+/9> 3<11/5<1++/22028*44/0 5>5<22->>2*09/>>29	加密版本号 61 1100036931 06958723
货物或应税劳务名称	规格型号	单位	数量	单价	金额		税率	税额
*运输服务*A 材料运费	10×20	吨	10	200	2000.00		9%	180.00
合　　计					¥2000.00			¥180.00
价税合计（大写）⊗贰仟壹佰捌拾元整						（小写）¥2180.00		
销售方	名　　称：滨海市畅达物流公司 纳税人识别号：911900342500535622 地址、电话：滨海市市北区华西路 123 号 77667766 开户行及账号：农业银行滨海支行华西营业部 3000001236258247					备注		

收款人：×××　　　复核：×××　　　开票人：×××　　　销售方：（章）

表 2-2-13

		滨海增值税专用发票				№ 00050030			

370111567137

机器编号：300042158948　　　　　　　抵扣联　　　　开票日期：2019 年 07 月 20 日

购买方	名　　称：滨海市昌盛有限公司 纳税人识别号：913711120140106369 地　址、电话：滨海市阳城区华阳路 369 号 88998899 开户行及账号：中国工商银行滨海支行华阳营业部 3000001173269158	密码区	2<>30-2+8+9<+6-1+874<　加密版本号 5>+5960/4326776-/-+/9>61 3<11/5<1++/22028*44/0　1100036931 5>5<22->2*09/>>29　06958723

货物或应税劳务名称	规格型号	单位	数量	单价	金额	税率	税额
*运输服务*A 材料运费	10×20	吨	10	200	2000.00	9%	180.00
合　计					¥2000.00		¥180.00

价税合计（大写）⊗贰仟壹佰捌拾元整	（小写）¥2180.00

销售方	名　　称：滨海市畅达物流公司 纳税人识别号：911900342500535622 地　址、电话：滨海市市北区华西路 123 号 77667766 开户行及账号：农业银行滨海支行华西营业部　3000001236258247	备注	

收款人：×××　　　复核：×××　　　开票人：×××　　　销售方：（章）

第二联：抵扣联　购买方扣税凭证

表 2-2-14

中国工商银行

转账支票存根（滨）

ⅩⅡ 325589765

附加信息 _____

_____

日期 2019 年 07 月 20 日

收款人：滨海市光明有限公司
金　额：¥15740.00
用　途：采购材料

单位主管：李盛利　会计：刘惠

表 2-2-15

滨海市昌盛有限公司收料单

供应单位：**滨海市光明有限公司**   收料单编号：**07890013**

材料类别：**原料**   **2019 年 07 月 20 日**   收料仓库：__**原料库**__

编号	名称	规格	单位	数量		实际成本（元）					备注	
						买价		运杂费	其他	合计		此联
				应收	实收	单价	金额					记账联
1-003	A材料	10×20	吨	10	10	1200	12000.00	2000.00		14000.00		
合　计							¥12000.00	¥2000.00		¥14000.00		

主管：×××   采购员：×××   检验员：×××   记账员：**刘惠**   保管员：**张丽**

【要求】根据上述原始凭证完成下列要求。

1. 经济业务内容的具体描述：

_____

_____

_____

_____

2. 以会计刘惠的身份，填制完成一张付款凭证，如表 2-2-16 所示。

表 2-2-16

付 款 凭 证

装订顺序第＿＿号

贷方科目：   年　月　日   付字第＿＿号

摘　要	借 方 科 目		金　额										记账
	一级科目	明细科目	千	百	十	万	千	百	十	元	角	分	（√）
合　　　　计													

财务主管：   审核：   记账：   出纳：   制单：

27

【资料2】2019年7月20日，滨海市昌盛有限公司发生一笔经济业务事项，会计人员收到的相关原始凭证如表2-2-17和表2-2-18所示。

表 2-2-17

滨海通用机打发票
发票联

发票代码 37021142902
发票号码 00354682

开票日期：2019-07-20　　行业分类：商业

付款方名称：滨海市昌盛有限公司	付款方识别号：913711120140106369
付款方地址：滨海市阳城区华阳路369号	付款方电话：88998899

开票项目	规格/型号	单位	数量	单价	金额
*印刷品*记录本		本	20	10.00	200.00

备注：

总计金额：¥200.00　　　　　　　　　　　　金额大写：贰佰元整

收款方名称：滨海市百货商城　　　　　　　　收款方识别号：913702114290208786

收款方地址：滨海市晨光街北路326号　　　　收款方电话：77669393

查验码：13209987140122060016872226　　　开票人：孙达远

开具金额合计限壹万元（含），万元以上无效

第一联 发票联（购买方付款凭证）（手开无效）

北港公司 2019年1月印 1000000份

表 2-2-18

滨海市昌盛有限公司办公用品领用单
2019年07月20日

领用部门	商品名称	领用数量（本）	金额（元）	领用人签名
行政部	记录本	20	200.00	李东明
合计			¥200.00	

复核：李宝刚　　　　制表：杨柳　　　　主管：王保国

【要求】根据上述原始凭证完成下列要求。

1．经济业务内容的具体描述：

_____

_____

_____

_____

_____

2．以会计刘惠的身份，填制完成一张付款凭证，如表2-2-19所示。

表 2-2-19

付 款 凭 证

装订顺序第___号

贷方科目： 　　　　　年　月　日　　　　付字第___号

摘　要	借 方 科 目		金　额										记账
	一级科目	明细科目	千	百	十	万	千	百	十	元	角	分	(√)
合　　　　　计													

附件　张

财务主管：　　　审核：　　　记账：　　　出纳：　　　制单：

任务三　填制转账凭证

【资料】2019 年 7 月 31 日，滨海市昌盛有限公司发生一笔经济业务事项，会计人员收到的相关原始凭证如表 2-2-20 和表 2-2-21 所示。

表 2-2-20

产品成本计算单

产成品数量：900 件　　　　　　　　　　　　　　　　　　　　在产品数量：10 件

产品名称：甲产品　　　　　　　2019 年 07 月 31 日　　　　　　　单位：元

项　目	直接材料	直接人工	制造费用	合　计
月初在产品成本	70000.00	11000.00	8000.00	89000.00
本月生产费用	132000.00	67000.00	18000.00	217000.00
生产费用合计	202000.00	78000.00	26000.00	306000.00
产品单位成本	200.00	80.00	20.00	300.00
本月完工产品成本	180000.00	72000.00	18000.00	270000.00
月末在产品成本	22000.00	6000.00	8000.00	36000.00

表 2-2-21

滨海市昌盛有限公司产品入库单

仓库：产成品1库　　　　　2019 年 07 月 31 日　　　　　第×××号

编号	类别	产品名称	规格型号	计量单位	数量		单价	金　额									备注
					送交数量	实收数量		千	百	十	万	千	百	十	元	角	分	
1-002		甲产品	Ⅱ型	件	900	900			2	7	0	0	0	0	0	0	
合　　计						900		¥	2	7	0	0	0	0	0	0	

此联　记账联

主管：×××　　会计：×××　　质检员：×××　　保管员：×××　　经手人：×××

【要求】根据上述原始凭证完成下列要求。

1．经济业务内容的具体描述：

_____

_____

2．以会计刘惠的身份，填制完成一张转账凭证，如表 2-2-22 所示。

表 2-2-22

转 账 凭 证

装订顺序第____号

年　　月　　日　　　　　　　　　　　　　　转字第____号

摘　要	一级科目	明细科目	借方金额		贷方金额		附件
			千百十万千百十元角分	√	千百十万千百十元角分	√	
							件
							张
合　　　计							

财务主管：　　　　审核：　　　　　记账：　　　　　　制单：

任务四　填制通用记账凭证

【资料】2019 年 7 月 26 日，滨海市昌盛有限公司发生一笔经济业务事项，会计人员收到的相关原始凭证如表 2-2-23～表 2-2-25 所示。

表 2-2-23

滨海增值税专用发票　　　№ 5310692667

370111563625

机器编号：300042158959　　　发票联　　　开票日期：2019 年 07 月 26 日

购买方	名　　称：滨海市昌盛有限公司 纳税人识别号：913711120140106369 地址、电话：滨海市阳城区华阳路 369 号 88998899 开户行及账号：中国工商银行滨海支行华阳营业部 3000001173269158	密码区	2<>30-2+8+9<+6-1+874<　加密版本号 5>+5960/4326776-/-+/9> 38 3<11/5<1++/22028*44/0　1100036931 5>5<22->>2*09/>>29　06958723
货物或应税劳务名称	规格型号　单位　数量　单价　金额　税率　税额		

货物或应税劳务名称	规格型号	单位	数量	单价	金额	税率	税额
*机械设备*M 设备	30×50	台	1	50000.00	50000.00	13%	6500.00
合　计					¥50000.00		¥6500.00

价税合计（大写）⊗伍万陆仟伍佰元整　　　　　　（小写）¥56500.00

销售方	名　　称：大华机械设备有限公司 纳税人识别号：911156700125670113 地址、电话：日照市光明路 24 号 22333570 开户行及账号：中国银行日照支行　102356410235008	备注	

收款人：×××　　　复核：×××　　　开票人：×××　　　销售方：（章）

第三联：发票联 购买方记账凭证

表 2-2-24

中国工商银行　信汇凭证　（回　单）

1

委托日期 2019 年 07 月 26 日

汇款人	全　称	滨海市昌盛有限公司	收款人	全　称	大华机械设备有限公司
	账　号	3000001173269158		账　号	102356410235008
	汇出地点	滨海市阳城区华阳路		汇入地点	日照市光明路

汇出行名称	中国工商银行滨海支行华阳营业部	汇入行名称	中国银行日照支行

金额	人民币（大写）伍万陆仟伍佰元整	千	百	十	万	千	百	十	元	角	分
				￥	5	6	5	0	0	0	0

汇款用途：劳务费　如需加急请在括号内注明（　　）　　　支付密码

中国工商银行滨海支行
华阳营业部
2019.07.26
转讫

附加信息及用途：

汇出行签章　　　　　　　　汇付货款

2019 年 07 月 26 日　　　　复核：　　　记账：

表 2-2-25

固定资产移交使用验收单

№ 00251

使用部门：生产部　　　　交接日期：2019 年 07 月 26 日

固定资产编　号	固定资产名　称	单位	型　号	购置原价或自制成本	
				单　价	5000.00
				总　价	5000.00
0301003	M 设备	台		安装费	
				其他费用	
固定资产取得方式		直接购入		合　计	5000.00
主要规格及说明					
出厂日期	2012.11.20	预计使用年限	10 年	净残值率	4%
折旧方法：平均年限法				已提折旧累计	
每月折旧率	每月折旧额	开始计提折旧年月			
0.8%	400	2019 年 08 月		净值	

管理部门：生产部　　　　验收部门：设备部　　　　财会部门：刘惠

【要求】根据如表 2-2-23～表 2-2-25 所示的原始凭证，完成下列要求。

1．经济业务内容的具体描述：

_____

_____

2．以会计刘惠的身份，填制完成一张通用记账凭证，如表 2-2-26 所示。

表 2-2-26

记 账 凭 证

年　月　日　　　　　　　　　　记字第＿＿＿号

摘　要	一级科目	明细科目	借方金额										✓	贷方金额										✓	
			千	百	十	万	千	百	十	元	角	分		千	百	十	万	千	百	十	元	角	分		附
																									件
																									张
合　　　　计																									

财务主管：　　　审核：　　　　记账：　　　　出纳：　　　　制单：

任务五　填制记账凭证（综合练习）

【资料1】2019 年 7 月 13 日，滨海市昌盛有限公司发生一笔经济业务事项，会计人员取得该业务的原始凭证如表 2-2-27 和表 2-2-28 所示。

表 2-2-27

差 旅 费 报 销 单

单位：**滨海市昌盛有限公司**　　　　2019 年 07 月 13 日　　　　　附件 2 张

姓　名			**李铭**		出差事由		**参加产品展览会**			
起止日期	出发地	到达地	市内交通补助		伙食补贴		车/船/机票		住宿费	合计
			天数	金额	天数	金额	张数	金额	(＿天)	金额
7月12日	滨海	日照			1	50.00	2	290.00		
合　计					1	50.00	2	290.00		340.00
报销金额合计人民币（大写）：**叁佰肆拾元整**							**¥340.00**			
预借金额：**¥900.00**					结余或超支：**¥560.00**					

单位负责人：**张胜昌**　会计主管：**李盛利**　　会计：**刘惠**　　出纳员：**陈玮**　　出差人：**李铭**

表 2-2-28

收 款 收 据

2019 年 07 月 13 日　　　　　№ 200756

交款单位　**李铭**　　　　　　　　　收款方式　**现金**

收款事由　**差旅费余款**

人民币（大写）**伍佰陆拾元整**　　　　　　**¥560.00**

收款单位（盖章）　会计主管：**李盛利**　审核：**刘超**　记账：**刘惠**　出纳：**陈玮**　经办：**李勇**

此联　记账联

【资料2】2019 年 7 月 31 日，滨海市昌盛有限公司发生一笔经济业务事项，会计人员取得该业务的原始凭证如表 2-2-29 所示。

表 2-2-29

制造费用分配表

2019 年 07 月 31 日

产品名称	产品生产工时（小时）	分配率（元/小时）	制造费用分配额（元）
甲产品	400		22400.00
乙产品	600		33600.00
合 计	1000	56.00	56000.00

审核：×××　　　　　　　　　　　　制单：×××

【资料3】2019 年 7 月 31 日，滨海市昌盛有限公司发生一笔经济业务事项，会计人员取得该业务的原始凭证如表 2-2-30 和表 2-2-31 所示。

表 2-2-30

表 2-2-31

中国工商银行　托收凭证　（受理回单）　　**1**

委托日期 2019 年 07 月 31 日

业务类型		委托收款（☐邮划 ☐电划）		托收承付（☐邮划 ☐电划）		
付款人	全称	大连市日诺有限公司	收款人	全称	滨海市昌盛有限公司	
	账号	25687612450031		账号	300000173269158	
	地址	大连市黄山路560号		地址	滨海市阳城区华阳路	
	开户行	中国工商银行大连支行		开户行	中国工商银行滨海支行华阳营业部	

金额	人民币（大写）壹拾壹万叁仟元整	千 百 十 万 千 百 十 元 角 分
		¥ 1 1 3 0 0 0 0 0

款项内容	销售甲产品货款	托收凭据名称	发票、合同	附寄单证张数	2张
商品发运情况	货已发出，对方已收		合同名称号码		
备注：		款项收妥日期			
复核：　　记账：		年　月　日	收款人开户行签章 2019 年 07 月 31 日		

（此联收款人开户银行给收款人的受理回单）

【资料4】2019 年 7 月 31 日，滨海市昌盛有限公司发生一笔经济业务事项，会计人员取得该业务的原始凭证如表 2-2-32 所示。

表 2-2-32

中国工商银行

现金支票存根（滨）

XⅡ325589078

附加信息 ＿＿＿＿＿＿＿＿＿＿＿

＿＿＿＿＿＿＿＿＿＿＿＿＿＿＿

＿＿＿＿＿＿＿＿＿＿＿＿＿＿＿

日期 2019 年 07 月 31 日

收款人：	滨海市昌盛有限公司
金额：	¥3000.00
用途：	备用金
单位主管：李盛利	会计：刘惠

【要求】根据上述【资料1】～【资料4】，分别编制记账凭证，要求：

① 填制的记账凭证要规范、清楚、完整、准确；

② 采用收款凭证、付款凭证、转账凭证进行填制（记账凭证格式和答题纸略）。

任务六　记账凭证的审核

【资料1】2019 年 7 月 20 日，会计人员根据经济业务事项的原始凭证填制记账凭证（未记账），如表 2-2-33 所示。

表 2-2-33

收 款 凭 证

装订顺序第 _1_ 号

借方科目：**银行存款**

2019 年 07 月 20 日

收字第 _1_ 号

摘　要	贷 方 科 目		金　额	记账
	一级科目	明细科目	千百十万千百十元角分	(√)
收到投资款，存入银行	实收资本	A公司	3 0 0 0 0 0 0 0	附件　张
合　　计			¥ 3 0 0 0 0 0 0 0	

财务主管：　　审核：　　记账：　　　出纳：　　　制单：

【资料2】2019 年 7 月 18 日，会计人员根据经济业务事项的原始凭证填制记账凭证（未记账），如表 2-2-34 所示。

表 2-2-34

付 款 凭 证

装订顺序第 _20_ 号

贷方科目：**银行存款**

2019 年 07 月 18 日

付字第 _7_ 号

摘　要	借 方 科 目		金　额	记账
	一级科目	明细科目	千百十万千百十元角分	(√)
购买材料	原材料	A材料	3 0 0 0 0 0	附件　张
合　　计				

财务主管：　　审核：　　记账：　　　出纳：　　　制单：

【资料3】2019 年 7 月 20 日，会计人员根据经济业务事项的原始凭证填制记账凭证（已记账），如表 2-2-35 所示。

表 2-2-35

转 账 凭 证

装订顺序第 ___ 号

年　月　日

转字第 ___ 号

摘　要	一级科目	明细科目	借方金额	√	贷方金额	√	附件
			千百十万千百十元角分		千百十万千百十元角分		
报销差旅费	管理费用		5 0 0 0 0	√			1张
	库存现金		1 0 0 0 0	√			
	其他应收款	王浩			5 0 0 0 0	√	
合　　计			¥ 6 0 0 0 0		¥ 5 0 0 0 0		

财务主管：李盛利　记账：陈玮　出纳：刘惠　审核：付明明　制单：陈玮

【要求】根据填制记账凭证的要求，结合经济业务事项的内容，分别指出上述资料 1～资料 3 中填制的记账凭证（见表 2-2-33～表 2-2-35）存在的问题，请一一说明。

实训三　会计凭证的装订

实训目的

通过训练，掌握关于会计凭证装订的基本要求；掌握会计凭证装订的基本技法；能按照会计凭证装订的基本要求，运用装订的技法完成会计凭证的装订。

实训指导

一、会计凭证的装订方法和要求

1．会计凭证装订的范围：原始凭证、记账凭证、科目汇总表等。科目汇总表的工作底稿也可以装订在内，作为科目汇总表的附件。

2．会计凭证应当定期装订成册，防止散失。

会计部门在依据会计凭证记账以后，应定期（每天、每旬或每月）对各种会计凭证进行分类整理，将各种记账凭证按照编号顺序，连同所附的原始凭证一起加具封面、封底，装订成册，并在装订线上加贴封签，由装订人员在装订线封签处签名或盖章。

3．会计凭证封面（见表 2-3-1）应注明：①单位名称；②凭证种类；③凭证张数；④起止号数；⑤年度；⑥月份；⑦会计主管人员；⑧装订人员；⑨其他事项。

表 2-3-1

	记账凭证封面		
本年第　册	日　期	年　月　日至　月　日	
	单位名称		
	凭证种类		
	凭证册数	本月共　　　册，本册是第　　　册	
	凭证张数	本册记账凭证自第　　　号至第　　　号　计　　　张	
		本册原始凭证　　　　　　　　　　　计　　　张	
		本册会计凭证总计　　　张	
	附　记		
	会计主管（盖章）　　装订人（盖章）　　保管（盖章）		

注：双线上方填写会计主体（单位）的名称。

4．装订成册的会计凭证应当加贴封条，防止抽换凭证。

5．原始凭证较多时，可以单独装订，但应在凭证封面注明所属记账凭证的日期、编号和种类，同时在所属的记账凭证上注明"附件另订"及原始凭证的名称和编号，以便查阅。

二、装订技法

1．分类整理。

① 按顺序排列，小号在上，大号在下。检查日期、编号是否齐全。

② 摘除凭证内用于临时固定会计凭证的物件（如小铁夹、订书钉、大头针、回形针），便于装订。

③ 整理凭证。会计工作中实际收到的原始凭证纸张往往会大小不一，整理时需要按照记账凭证的大小进行折叠或粘贴，要求所附原始凭证同记账凭证上方、左侧齐整。

通常，对面积大于记账凭证的原始凭证应采用折叠的方法，按照记账凭证的大小将原始凭证多余部分进行折叠，若是上下宽出，先自左向右折叠，再自下向上一次（或多次）折叠。折叠时应注意将凭证的左上角或左侧面空出，防止订死不能翻开，以便于装订后展开查阅，原始凭证折叠示意图如图2-3-1和图2-3-2所示。

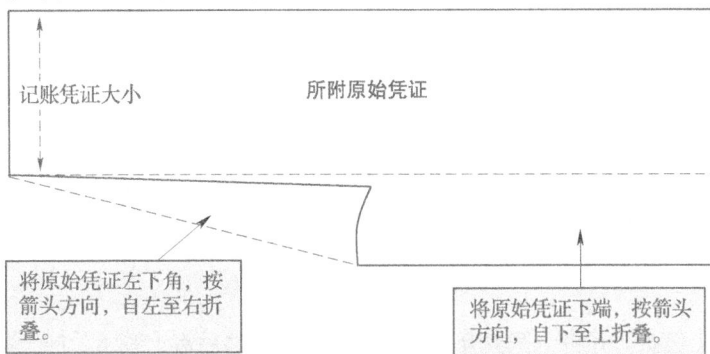

图 2-3-1　原始凭证折叠示意图

注：虚线为原始凭证折叠线，实线箭头为原始凭证折叠方向

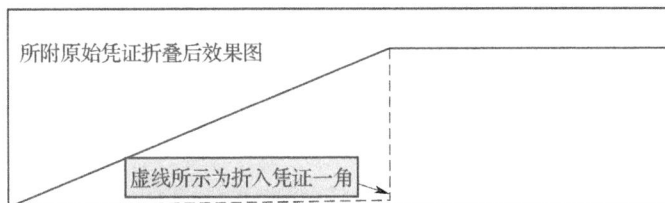

图 2-3-2　原始凭证折叠示意图

若是左右长出，则在上述折叠基础上，比照记账凭证大小，向内折入即可。

2．分册。

将整理好的会计凭证分册装订，装订为几册，则要视会计凭证多少而定。装订之前，要设计一下，看一个月的记账凭证究竟订成几册为好。每册的厚薄应基本保持一致，一般以 1.5～2.0cm 为宜。过薄或过厚均不便于装订。

3．加具封皮。

分册好的会计凭证都要加具封皮（包括封面和封底），封皮应采用结实、耐磨、韧性较强的牛皮纸等。

4．装订凭证。

按如图 2-3-3 所示的顺序进行装订。

① 打眼

取一张质地相同的纸（可以再找一张凭证封皮，裁下一半用）放在封皮左上角，做护角。然后在护角的左上角画上一边长为 5cm 的等腰三角形，用夹子将护角和凭证一起夹住，用装订机在等腰三角形的底线上分布均匀地打两个眼。

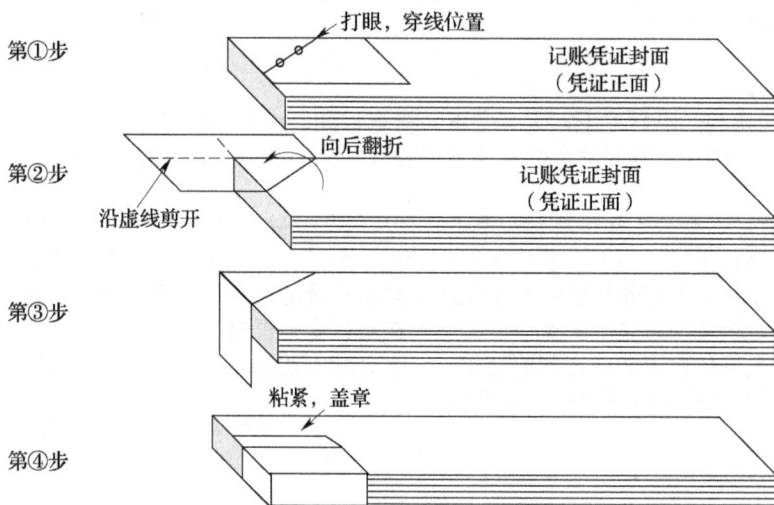

第①步 —— 打眼，穿线位置 —— 记账凭证封面（凭证正面）

第②步 —— 沿虚线剪开 —— 向后翻折 —— 记账凭证封面（凭证正面）

第③步

第④步 —— 粘紧，盖章

图 2-3-3　记账凭证装订示意图

② 结线

用大针引线绳穿过两个针眼，把线绳引过来，然后在凭证的背面打结。线绳最好把凭证两边也系扎上。

③ 封胶

将护角向左上侧折，并将一侧剪开至凭证的左上角，然后涂上胶水，向上折叠，将侧面和背面的线绳盖住并粘死。

④ 签注

待晒干后，在凭证本的侧脊上面签注上"某年某月第几册共几页"的字样。

⑤ 签章

装订人在装订线封签处签名或者盖章。

实战演练

任务　会计凭证的装订

【资料】① 模块 1 基础实训所有填制的记账凭证；

②　封皮（封面和封底）。

【要求】以滨海市昌盛有限公司会计刘惠的身份，装订记账凭证（若凭证过薄，可以添加其他凭证或纸张，以达到适宜的装订厚度）。

实训四　日　记　账

实训目的

通过对现金、银行存款日记账登记业务的模拟实训，使学生识别与现金、银行存款收支业务有关的原始凭证，并能够根据经审核无误的会计凭证逐日逐笔地登记"现金日记账"与

"银行存款日记账"，做到日清日结或日清月结，从而进一步掌握出纳日记账的格式和登记方法。

实训指导

一、账簿启用

启用账簿或调换记账人员时应在账簿的"启用及交接记录"封面内逐项填记有关事项。

二、日记账的格式

日记账一般采用订本式账簿，账页格式采用三栏式，即"收入"（借方）、"付出"（贷方）和"结存"（余额）三栏。

三、登账时使用的墨水颜色

登账时使用蓝黑色或碳素墨水书写，更正时使用红色墨水划线。除制度规定允许用红色墨水外，不得用圆珠笔（银行的复写账簿除外）或者铅笔书写。

四、登记日记账的依据

应根据审核无误的有关现金、银行存款的收款凭证和付款凭证，或结合收、付记账凭证所附原始凭证，序时、逐笔地登记日记账中的各栏。

五、登记日记账的方法

1．登账要求。

首先将记账凭证记载的日期、编号、业务内容摘要、对应科目、金额和原始凭证的有关资料逐项记入账内，做到项目齐全、数字准确、登记及时、字迹整洁。其中，在填写对应科目时，应注意以下三点：

（1）对应科目只填总账科目，无须填明细科目；

（2）当对应科目有多个时，应填入主要对应科目，如销售产品收到银行存款，则"银行存款"的对应科目有"主营业务收入"和"应交税费"，此时，可在对应科目栏中填入"主营业务收入"，在借方金额栏中填入该笔业务取得的银行存款总额，而不能将一笔银行存款增加业务拆分成两个对应科目金额填入两行；

（3）当对应科目有多个且不能从科目上划分出主次时，可在对应科目栏中填入其中金额较大的科目，并在其后加上"等"字。如用现金800元购买零星办公用品，其中300元由车间负担，500元由行政管理部门负担，则在现金日记账"对应科目"栏中填入"管理费用"等，在贷方金额栏中填入支付的现金总额800元。

2．登记完毕，记账人员要在记账凭证上签名或者盖章，并注明记账标记符号"√"，表示已经记账。

3．顺序连续登记。

账簿按日期顺序连续登记，不得跳行、隔页。如果发生跳行、隔页，应当将空行、空页划线注销，或者注明"此行空白""此页空白"字样，并由记账人员签名或盖章。账簿中书写的文字和数字一般应占格距的1/2，以便留有改错的空间。

4. 按日结计余额。

日记账应按日结出余额，并用现金日记账的账面余额与库存现金实有数核对；用银行存款日记账的账面余额定期与银行送来的对账单进行核对。

日结可以逐笔结算余额，也可以每隔固定几笔（如 3 笔、5 笔等）结一次余额，每日的最后一笔应自然结出当日余额。一般情况下，如果一天内只发生一笔货币资金业务，直接结出余额即可，不必另起一行结计本日发生额及余额；只有发生的业务量较多时（两笔及两笔以上），可以另起一行，摘要栏内写"本日小计"，同时结出本日发生额及余额。

若没有余额，应当在借或贷栏填写"平"字，并在余额栏"元"位填写"Ø"。

5. 进行过次承前。

每一账页登记完毕，接转下页时，应当结出本页合计数及余额，并写在本页最后一行和下页第一行有关栏内，并在摘要栏注明"过次页"和"承前页"字样，也可以将本页合计数及金额只写在下一页第一行有关栏内，并在摘要栏注明"承前页"字样。

6. 进行月结。

月结是在本月最后一笔记录下面划一条通栏单红线，并在下一行的摘要栏中用红色字居中书写"本月合计"，同时在该行结出本月发生额合计及余额，然后，在"本月合计"行下面再划一条通栏单红线。

六、登账时的其他注意事项

登账发生错误时，不得刮擦、挖补、涂抹或用褪色药水更改字迹，也不允许重抄。应当根据错误情况，按照规定的方法进行更正。具体可以参考本模块实训六"错账更正"。

实战演练

任务一 登记现金日记账

【资料】

滨海市昌盛有限公司 2019 年 7 月末的现金日记账余额为 5500 元，该公司 8 月份发生的有关库存现金的经济业务如下。

1. 取得或填制的原始凭证如表 2-4-1~表 2-4-16 所示。

【业务 1】收到差旅费余款。

表 2-4-1   1-1/1

收款收据

2019 年 8 月 2 日   No 000651

交款单位 人事科 李勇   收款方式 现金

收款事由 差旅费余款

人民币（大写）壹佰陆拾贰元整   ¥162.00

收款单位（盖章） 会计主管：李盛利 审核：刘超 记账：刘惠 出纳：陈玮 经办：李勇

【业务2】报销差旅费。

表 2-4-2

差 旅 费 报 销 单

2-1/1

单位：滨海市昌盛有限公司　　　　2019 年 08 月 02 日　　　　附件 6 张

姓 名		李勇		出差事由			参加会议			
起止日期	出发地	到达地	市内交通补助		伙食补助		车/船/机票		住宿费 (4天)	合计金额
			天数	金额	天数	金额	张数	金额		
2019 年 7 月 29 日至 2019 年 8 月 1 日	滨海	上海			4	200.00	6	548.00	390.00	
合　计					4	200.00	6	548.00	390.00	1138.00

报销金额合计人民币（大写）：壹仟壹佰叁拾捌元整　　　　　　　¥1138.00

预借金额：¥1300.00	结余或超支：¥162.00

单位负责人：张胜昌　会计主管：李盛利　　会计：刘惠　　出纳员：陈瑞　　出差人：李勇

【业务3】购买办公用品，直接领用。

表 2-4-3

滨海通用机打发票

3-1/1

发票代码 110040230123

开票日期：2019-08-12　　行业分类：商业　　　　发票号码 23365009

第一联 发票联（购买方付款凭证）（手开无效）

北港公司 2019 年 1 月印 1000000 份

付款方名称：滨海市昌盛有限公司	付款方识别号：913711120140106369
付款方地址：滨海市阳城区华阳路 369 号	付款方电话：88998899

开票项目	规格/型号	单位	数量	单价	金额
*印刷品*会议记录本	20×26	本	90	10.00	900.00

现金付讫

备注：	
总计金额：¥900.00	金额大写：玖佰元整
收款方名称：滨海市第一百货超市	收款方识别号：912301567890723600
收款方地址：滨海市晨辉街北路 623 号	收款方电话：33556262
查验码：13209987140122060016873336	开票人：周正

开具金额合计限壹万元（含），万元以上无效

表 2-4-4

背面签字

经手人	孙芸	使用部门	金额	使用部门签字
部门负责人	刘进	办公室	200.00	×××
	李盛利	财务部	300.00	×××
	张伟	生产车间	400.00	×××
单位负责人	张胜昌	合计	¥900.00	

【业务4】提现，备发工资。

表 2-4-5

4-1/1

中国工商银行

现金支票存根（滨）

X VI00004101

附加信息 _____

_____

_____

日期 *2019* 年 *08* 月 *15* 日

收款人：	*滨海市昌盛有限公司*
金　额：	*¥245100.00*
用　途：	*备发工资*

单位主管：*李盛利*　会计：*刘惠*

【业务5】发放工资，并结转代扣款项。

表 2-4-6

5-1/2

8 月份　工资发放一览表

单元：元

编号	部门	姓名	基本工资	计件工资	奖金	应付工资	代扣款项	实发工资	签字
001	甲产品生产人员	张烁	1600.00	820.00	500.00	2920.00	216.00	2704.00	张烁
002	甲产品生产人员	周颖	1600.00	760.00	480.00	2840.00	216.00	2624.00	周颖
003	甲产品生产人员	李思	1600.00	540.00	420.00	2560.00	216.00	2344.00	李思
004	甲产品生产人员	李冰	1600.00	560.00	420.00	2580.00	216.00	2364.00	李冰
005	甲产品生产人员	杨迎	1600.00	820.00	500.00	2920.00	216.00	2704.00	杨迎
006	甲产品生产人员	周芳	1600.00	770.00	480.00	2850.00	216.00	2634.00	周芳
007	甲产品生产人员	郑爽	1600.00	790.00	480.00	2870.00	216.00	2654.00	郑爽
…									
129	行政管理人员	陈玮	2000.00		500.00	2500.00	202.00	2298.00	陈玮
合计			203000.00	38000.00	31900.00	272900.00	27800.00	¥245100.00	

（现金付讫）

财务主管：*李盛利*　　　会计：*刘惠*　　　审核：*孙涛*　　　出纳：*陈玮*　　　制单：*张旺*

表 2-4-7

工资结算汇总表

2019 年 08 月 15 日

5-2/2

单元：元

部门	基本工资	计件工资	奖金	应付工资	代扣款项	实发工资
甲产品生产人员	75000.00	20000.00	12000.00	107000.00	10800.00	96200.00
乙产品生产人员	65000.00	18000.00	9000.00	92000.00	8200.00	83800.00
车间管理人员	28000.00		5000.00	33000.00	4200.00	28800.00
行政管理人员	35000.00		5900.00	40900.00	4600.00	36300.00
合计	203000.00	38000.00	31900.00	272900.00	27800.00	¥245100.00

会计主管：李盛利　　　会计：刘惠　　　审核：孙涛　　　出纳：陈玮　　　制单：张旺

【业务6】报销电话费。

表 2-4-8

费 用 报 销 单

6-1/2

报销日期：2019 年 08 月 20 日　　　　　　附件 1 张

费用项目	类别	金额	负责人（签章）		张胜昌
电话费		600.00			
			审　核		李盛利
			报销人（签章）		武进
报销金额合计		¥600.00	费用分摊	行政	车间
核实金额（大写）	⊗万⊗仟陆佰零拾零元零角零分			400.00	200.00
借款金额		应退金额		应补金额	

会计主管：李盛利　　　会计：刘惠　　　审核：孙涛　　　出纳：陈玮　　　制单：张旺

表 2-4-9

中国网通（集团）有限公司滨海市分公司专用发票

6-2/2

发 票 联

发票代码：123701014246

受理编号：3322008872　　　合同号：65883397　　　发票号码：003010178

用户名称	滨海市昌盛有限公司		电话号码	88998899	
基本月租费	40.00				此
本地通话费	452.00				联
国际长话费	89.22				发
增值业务费	5.00				票
上次余额	1.20				联
本次应收	585.02				
本次余额	16.18				
实收金额	（大写）陆佰元整			（小写）	¥600.00

本次费用起止：2019/07/01-2019/07/31　　　收款日期：2019.08.20　　　工号：2202067

【业务7】 出售不用的计算机。

表 2-4-10

固定资产清理单

7-1/2

2019 年 08 月 20 日 № 001001

编号	名称	单位	数量	预计使用年限	已使用年限	原始价值	已提折旧额	清理收入
09008	计算机	台	4	60 个月	40 个月	7200.00 元	4608.00 元	707.96 元

清理原因	办公用计算机老化，拟更新		
处理意见	使用部门	技术鉴定小组	单位负责人审批
	签章：余婕	签章：该批计算机不能满足工作需求，建议淘汰。 梅军	签章：同意 张胜昌
清理结果	出售给滨海市格泰电子维修部（个体工商户），收现金。		

表 2-4-11

370111567589 滨海增值税普通发票 № 6890251421

7-2/2

此联不作报销抵扣凭证使用　　开票日期：2019 年 08 月 20 日

购买方	名　称：滨海市格泰电子维修部（个体户） 纳税人识别号：3711112014500678555 地址、电话：滨海市解放路 108 号　88992666 开户行及账号：中国工商银行解放路支行 6051231173280517	密码区	2<>30-2+8+9<+6-1+874< 加密版本号 5>+5960/4326776-/-+/9> 65 3<11/5<1++/22028*44/0 1100036931 5>5<22->>2*09/>>29 06958723

货物或应税劳务名称	规格型号	单位	数量	单价	金额	税率	税额
*通信设备计算机*计算机	500G	台	4	176.99	707.96	13%	92.04
合　计					¥707.96		¥92.04

价税合计（大写）⊗捌佰元整　　　　　　（小写）¥800.00

销售方	名　称：滨海市昌盛有限公司 纳税人识别号：913711120140106369 地址、电话：滨海市阳城区华阳路 369 号　88998899 开户行及账号：中国工商银行滨海支行华阳营业部 3000001173269158	备注	

收款人：×××　　复核：×××　　开票人：×××　　销售方：（章）

第一联：记账联 销售方记账凭证

【业务8】支付业务招待费。

表 2-4-12

费用报销单

8-1/2

报销日期：**2019 年 08 月 22 日**　　　　　　　　附件　**1**　张

费用项目	类别	金额	负责人（签章）	张胜昌
招待天津王方等人		396.00 元		
			审核意见	李盛利
			报销人（签章）	武进
报销金额合计		￥396.00		
核实金额（大写）	⊗万⊗仟叁佰玖拾陆元零角零分		￥396.00	
借款金额	—	应退金额	—	应补金额	—

（印章：现金付讫）

会计主管：李盛利　　会计：刘惠　　审核：孙涛　　出纳：陈玮　　制单：张旺

表 2-4-13

8-2/2

滨海通用发票（卷）

发　票　联

（印章：国家税务总局 滨海市税务局）

密　码　　▮▮▮▮▮▮

发票代码：　370112798501

发票号码：　98503425

机打票号：　XSIJ-4367

机器编号：

收款单位：　滨海市朝阳大酒店

税务登记号：　370322196903212235

开票日期：　2019-08-21　　　　　　收款员：　ZF-2

付款单位（个人）：滨海市昌盛有限公司

经营项目	金　额
*餐饮服务*餐费	396.00

合计（小写）￥396.00

合计（大写）叁佰玖拾陆元整

税控码：　　　XXXXXX

除付款单位外手写无效

收款单位签章

（印章：滨海市朝阳大酒店 370322196903212235 发票专用章）

【业务9】收取包装物押金。

表 2-4-14　9-1/1

收款收据

2019 年 08 月 25 日　№ 000653

交款单位　东方公司

收款方式　现金

收款事由　包装物押金

人民币（大写）伍佰元整　￥500.00

第一联　记账联

收款单位（盖章）　会计主管：李盛利　审核：刘超　记账：刘惠　出纳：陈玮　经办：李勇

【业务10】支付职工生活困难补助。

表 2-4-15　10-1/2

关于发放职工生活困难补助的通知

财务科：

　　根据职工福利小组意见，经公司委员会研究，决定给马芳等五位同志生活困难补助，共计贰仟伍佰元整（￥2500.00），请按照所附名单发放。

滨海市昌盛公司人力资源部
2019.08.29

表 2-4-16　10-2/2

生活困难补助名单

2019.08.29

姓名	补助金额	领款人签章	备注
马芳	500.00	马芳	
周颖	500.00	周颖	
李思	500.00	李思	
李冰	500.00	李冰	
杨迎	500.00	杨迎	
合计	￥2500.00	人民币（大写）贰仟伍佰元整	

会计主管：李盛利　会计：刘惠　审核：孙涛　出纳：陈玮　制单：张旺

2. 根据上述资料编制的简易记账凭证如表 2-4-17 所示。

表 2-4-17

记 账 凭 证 简 表

2019年		凭证号数	摘 要	会计分录			附件张数	记账标记
月	日			账户名称	借方金额	贷方金额		
08	02	现收 01	收到差旅费余款	库存现金	162		1	
				其他应收款——李勇		162		
08	02	转字 01	报销差旅费	管理费用	1138		1	
				其他应收款——李勇		1138		
08	12	现付 01	购买办公用品，直接领用	管理费用——办公费	600		1	
				制造费用——办公费	600			
				库存现金		1200		
08	15	银付 01	提现，备发工资	库存现金	245100		1	
				银行存款		245100		
08	15	现付 02	发放工资	应付职工薪酬——工资	245100		2	
				库存现金		245100		
08	15	转字 02	结转代扣款项	应付职工薪酬——工资	27800		见现付 02	
				其他应付款——代扣款项		27800		
08	20	现付 03	报销电话费	管理费用	400		2	
				制造费用	200			
				库存现金		600		
08	20	转字 03	清理固定资产	固定资产清理	2592		1	
				累计折旧	4608			
				固定资产		7200		
08	20	现收 02	收到清理收入	库存现金	800.00		1	
				固定资产清理		707.96		
				应交税费——应交增值税（销项税额）		92.04		
08	20	转字 04	结转清理净损益	营业外支出	1884.04		1	
				固定资产清理		1884.04		
08	22	现付 04	支付业务招待费	管理费用	396		2	
				库存现金		396		
08	25	现付 05	收取包装物押金	库存现金	500		1	
				其他应付款——存入保证金		500		
08	29	现付 06	发放困难补助	应付职工薪酬——职工福利	2500		2	
				库存现金		2500		

【要求】

1. 根据上述资料登记"现金日记账"的月初余额,如表 2-4-18 所示。

2. 根据上述资料逐笔登记现金日记账,如表 2-4-18 所示。

3. 正确进行月结,如表 2-4-18 所示。

表 2-4-18

现金日记账

第 12 页

年		凭证号数	摘要	对方科目	借　方										贷　方										借或贷	余　额									
月	日				千	百	十	万	千	百	十	元	角	分	千	百	十	万	千	百	十	元	角	分		千	百	十	万	千	百	十	元	角	分

任务二　登记银行存款日记账

【资料】滨海市昌盛有限公司 2019 年 7 月末银行存款日记账的余额为 122600 元,该公司 8 月份发生的部分经济业务如下:

1. 取得或填制的原始凭证如表 2-4-19~表 2-4-39 所示。

【业务1】销售甲产品。

表 2-4-19

中国工商银行　进账单（收账通知）

3　1-1/2

2019 年 08 月 02 日

出票人	全　称	东方公司	收款人	全　称	滨海市昌盛有限公司
	开户银行	天津市建设银行解放路支行营业部		开户银行	中国工商银行滨海支行华阳营业部
	账　号	3000000112233356		账　号	3000001173269158

金额	人民币（大写）	陆拾壹万零贰佰元整	千	百	十	万	千	百	十	元	角	分
				¥	6	1	0	2	0	0	0	0

票据种类	转账支票	票据张数	1 张

票据号码　XVI00003502

中国工商银行华阳支行
华阳路分理处
2019.08.02
转讫

收款人开户银行签章

复核　　　记账

此联是收款人开户行交给收款人的收账通知

表 2-4-20

1-2/2

370111567543

滨海增值税专用发票

№ 06215634

机器编号：300042158954　　此联不作报销、抵扣凭证使用　　开票日期：2019 年 08 月 02 日

购买方	名　　称：东方公司
	纳税人识别号：913711245630401234
	地址、电话：天津市河西区解放路 225 号　022-56732569
	开户行及账号：中国建设银行解放路支行营业部 3000000112233356

密码区　（略）

货物或应税劳务名称	规格型号	单位	数量	单价	金额	税率	税额
*金属制品*甲产品	JS20	件	900	600	540000.00	13%	70200.00
合　计					¥540000.00		¥70200.00

价税合计（大写）⊗陆拾壹万零贰佰元整	（小写）¥610200.00

销售方	名　　称：滨海市昌盛有限公司
	纳税人识别号：913711120140106369
	地址、电话：滨海市阳城区华阳路 369 号　88998899
	开户行及账号：中国工商银行滨海支行华阳营业部 3000001173269158

备注

滨海市昌盛有限公司
913711120140106369
发票专用章

第一联：记账联　销售方记账凭证

收款人：×××　　复核：×××　　开票人：×××　　销售方：（章）

【业务2】购买材料。

表 2-4-21

中国工商银行电汇凭证（回单）

1　　2-1/5

币别:人民币　　　　委托日期 *2019 年 08 月 06 日*　　　流水号:*44001213243465455*

汇款方式		R 普通　0 加急														
汇款人	全　称	滨海市昌盛有限公司		收款人	全　称	太原中兴公司										
	账　号	*3000001173269158*			账　号	*3001200443218342*										
	汇出地点	滨海市			汇入地点	山西省太原市俪城区										
	汇出行名称	中国工商银行滨海支行华阳营业部			汇入行名称	中国建设银行太原市俪城分行										
金额	人民币（大写）	叁拾贰万柒仟柒佰元整				亿	千	百	十	万	千	百	十	元	角	分
							¥	3	2	7	7	0	0	0	0	0
				支付密码												
				附加信息及用途												
				汇出行签章		复核:		记账:								

此联汇出行给汇款人的回单

中国工商银行华阳支行
华阳路分理处
2019.08.06
转讫

表 2-4-22

2-2/5

山西增值税专用发票

发票联

370111567546　　　　　　　　　　　　　　　　№ 045789201

机器编号:300042158954　　　　　　　　　开票日期: 2019 年 08 月 06 日

购买方	名　　称: 滨海市昌盛有限公司 纳税人识别号:913711120140106369 地　址、电话:滨海市阳城区华阳路 369 号 88998899 开户行及账号:中国工商银行滨海支行华阳营业部 3000001173269158					密码区		(略)	
	货物或应税劳务名称	规格型号	单位	数量	单价	金额	税率	税额	
	*金属制品*A 材料	10×20	吨	200	1150	230000.00	13%	29900.00	
	*金属制品*B 材料	20×20	吨	150	400	60000.00	13%	7800.00	
	合　计					¥290000.00		¥37700.00	
价税合计(大写) ⊗叁拾贰万柒仟柒佰元整				(小写)¥327700.00					
销售方	名　　称: 太原中兴公司 纳税人识别号:913700020140208657 地　址、电话:山西省太原市俪城区中兴路 122 号　2366121 开户行及账号:中国建设银行太原市俪城分行 3001200443218342					备注	913700020140208657		

收款人: ×××　　　复核: ×××　　　开票人: ×××　　　销售方: (章)

第三联：发票联　购买方记账凭证

表 2-4-23

山西增值税专用发票

抵 扣 联

2-3/5

370111567546

№ 045789201

机器编号：300042158954　　　　　　　　　　　　　　开票日期：2019 年 08 月 06 日

第二联：抵扣联　购买方扣税凭证

| 购买方 | 名　　　称：滨海市昌盛有限公司
纳税人识别号：913711120140106369
地　址、电话：滨海市阳城区华阳路 369 号　88998899
开户行及账号：中国工商银行滨海支行华阳营业部　3000001173269158 | 密码区 | （略） |

货物或应税劳务名称	规格型号	单位	数量	单价	金额	税率	税额
*金属制品*A 材料	10×20	吨	200	1150	230000.00	13%	29900.00
*金属制品*B 材料	20×20	吨	150	400	60000.00	13%	7800.00
合　计					¥290000.00		¥37700.00

价税合计（大写）⊗叁拾贰万柒仟柒佰元整　　　　　　（小写）¥327700.00

| 销售方 | 名　　　称：太原中兴公司
纳税人识别号：913700020140208657
地　址、电话：山西省太原市俪城区中兴路 122 号　2366121
开户行及账号：建设银行太原市俪城分行 3001200443218342 | 备注 | |

收款人：×××　　　　复核：×××　　　　开票人：×××　　　　销售方：（章）

表 2-4-24

滨海市昌盛有限公司收料单

2019 年 08 月 06 日

2-4/5

发票号码：045789201　　　　　　　　　　　　　　　　　　收料单编号：××
供应单位：太原中兴公司　　　　　　　　　　　　　　　　　收料仓库：××仓库
材料类别：原料及主要材料

编号	名称	规格	单位	数量		实际成本（元）					备注
				应收	实收	买价		运杂费	其他	合计	
						单价	金额				
	A 材料		吨	200	200	1150	230000.00			230000.00	
	B 材料		吨	150	150	400	60000.00			60000.00	
合　　　计										¥290000.00	

此联　记账联

主管：　　　采购员：　　　检验员：　　　记账员：　　　保管员：张丽

63

表 2-4-25

🏛 中国工商银行业务收费凭证

币别：人民币 2   2019 年 08 月 06 日   流水号：4400993424843744

付款人：滨海市昌盛有限公司			账号：3000001173269158		
项目名称	工本费	手续费	电子汇划费		金额
手续费					50.00
金额（大写）⊗伍拾元整					
付款方式		转账			
备注：440001633					
批次号：44000163338764800000					

此联客户回单

会计主管：章理   授权：梅溪   复核：洪梅   录入：李丽

【业务3】缴纳上月税金。

表 2-4-26

中华人民共和国
税收缴款书

3-1/2

隶属关系：   经济性质：国有

收入机关：滨海华阳税务分局   填发日期：2019 年 08 月 07 日   国字第 30221 号

缴款单位	代码	3711120140106369	预算科目	编码	
	全称	滨海市昌盛有限公司		名称	
	开户银行	中国工商银行滨海支行华阳营业部		级次	中央70%，市30%
	账号	3000001173269158	收款国库		国家金库滨海华阳支库

税款所属时期：2019 年 07 月   税款限缴时期：2019 年 08 月 10 日

品目名称	课税数量	计税金额或销售收入	税率或单位税额	已缴或扣除额	实缴税额
增值税		500000.00	13%	52000.00	13000.00
合计（小写）	—	—	—	—	￥13000.00
金额合计	人民币（大写）⊗壹万叁仟元整				

缴款单位（盖章） 经办人（章）	税务机关（盖章） 填票人（章）	上列款项已收妥，并划转收款单位账户，国库（银行）盖章 2019 年 08 月 07 日	备注

财务专用章   征税专用章

表 2-4-27

中华人民共和国
税收缴款书

3-2/2

隶属关系：　　　　　　　　　　　　　　　　　　　　　　　　　　　经济性质：国有
收入机关：滨海华阳税务分局　　　　填发日期：2019 年 08 月 07 日　　　地字第 20190 号

缴款单位	代码	3711120140106369	预算科目	编码	
	全称	滨海市昌盛有限公司		名称	
	开户银行	中国工商银行滨海支行华阳营业部		级次	地市级
	账号	3000001173269158	收款国库	国家金库滨海华阳支库	

税款所属时期：2019 年 07 月　　　　　　　　　　　　税款限缴时期：2019 年 08 月 10 日

品目名称	课税数量	计税金额或销售收入	税率或单位税额	已缴或扣除额	实缴税额
城市维护建设税		13000.00	7%		910.00
教育费附加		13000.00	3%		390.00
合计（小写）	—	—	—	—	￥ 1300.00
金额合计	人民币（大写）壹仟叁佰元整				

缴款单位（盖章） 经办人（章）	税务机关（盖章） 填票人（章）	上列款项已收妥并划转收款单位账户 国库（银行）盖章 2019.08.07 转讫 2019 年 08 月 07 日	备注

【业务 4】取得借款。

表 2-4-28

贷 款 借 据（回单）

4-1/1

银行编号：2356　　　　　　　　　　2019 年 08 月 15 日

借款人名称	借款种类	贷款申请书编号	借款账号	存款账号
滨海市昌盛有限公司	流动资金周转借款	102	3000001173269158	3000001173269158

贷款金额	（大写）贰拾伍万元整	十亿	千	百	十	万	千	百	十	元	角	分	银行核定金额	（大写）贰拾伍万元整
				￥	2	5	0	0	0	0	0	0		

借款利率	借款期限	还款方式	到期还款日	展期到期日
7.2%	3 个月	按月付息，到期还本	2019 年 11 月 15 日	2019 年 11 月 15 日

兹向你行贷到上列　　流动资金周转　　贷款
到期时请凭此借据作为本单位还款依据。

此致

借款单位（章）（盖预留印鉴）　负责人（章）

上列款项已批准划入你单位银行存款账户。

中国工商银行结算专用章
中国工商银行华阳支行
华阳路分理处
2019.08.15 转讫

还款记录	日 期	还款金额	未还金额	记账员	复核员
				银行结算章	

此联 贷款银行交给借款单位的回单

【业务5】提现备用。

表 2-4-29

5-1/1

中国工商银行

现金支票存根（滨）

ⅩⅥ00004102

附加信息 ＿＿＿＿＿＿＿＿＿

＿＿＿＿＿＿＿＿＿＿＿＿＿＿＿＿

＿＿＿＿＿＿＿＿＿＿＿＿＿＿＿＿

日期 *2019* 年 *08* 月 *15* 日

收款人：	滨海市昌盛有限公司
金　额：	￥*3000.00*
用　途：	*备用*

单位主管：*李盛利*　会计：*刘惠*

【业务6】销售乙产品。

表 2-4-30

6-1/1

370111567549

滨海增值税专用发票

机器编号：300042158957　此联不作报销、抵扣凭证使用

№ 06215634

开票日期：2019 年 08 月 19 日

购买方	名　　　称：海中飞有限公司 纳税人识别号：913711245630401234 地 址、电 话：滨海市河西区解放路 205 号　56732523 开户行及账号：中国建设银行解放路支行营业部　2000000112233237	密码区	（略）	第一联：记账联　销售方记账凭证

货物或应税劳务名称	规格型号	单位	数量	单价	金额	税率	税额
*金属制品*乙产品	JS10	件	250	400	100000.00	13%	13000.00
合　计					¥100000.00		¥13000.00

价税合计（大写）⊗壹拾壹万叁仟元整	（小写）¥113000.00

销售方	名　　　称：滨海市昌盛有限公司 纳税人识别号：913711120140106369 地 址、电 话：滨海市阳城区华阳路 369 号　88998899 开户行及账号：中国工商银行滨海支行华阳营业部　3000001173269158	备注

收款人：　　　　复核：　　　　开票人：　　　　销售方：（章）

【业务 7】购买材料。

表 2-4-31

7-1/4

滨海增值税专用发票
发 票 联

370111567552

№ 045789202

机器编号：300042158957

开票日期：2019 年 08 月 20 日

购买方	名　　称：滨海市昌盛有限公司 纳税人识别号：913711120140106369 地址、电话：滨海市阳城区华阳路 369 号　88998899 开户行及账号：中国工商银行滨海支行华阳营业部 3000001173269158	密码区	（略）

货物或应税劳务名称	规格型号	单位	数量	单价	金额	税率	税额
*金属制品*A 材料	10×20	吨	300	1100	330000.00	13%	42900.00
合　计					¥330000.00		¥42900.00

价税合计(大写) ⊗叁拾柒万贰仟玖佰元整　　　　　　　　（小写）¥372900.00

销售方	名　　称：滨海市同兴有限公司 纳税人识别号：913711120140102301 地址、电话：滨海市河东区泰山路 312 号　88998222 开户行及账号：中国建设银行河东区泰山分行 1201200458623457	备注	

收款人：×××　　　　复核：×××　　　　开票人：×××　　　　销售方：（章）

第三联：发票联　购买方记账凭证

表 2-4-32

7-2/4

滨海增值税专用发票
抵 扣 联

370111567552

№ 045789202

机器编号：300042158957

开票日期：2019 年 08 月 20 日

购买方	名　　称：滨海市昌盛有限公司 纳税人识别号：913711120140106369 地址、电话：滨海市阳城区华阳路 369 号　88998899 开户行及账号：中国工商银行滨海支行华阳营业部 3000001173269158	密码区	（略）

货物或应税劳务名称	规格型号	单位	数量	单价	金额	税率	税额
*金属制品*A 材料	10×20	吨	300	1100	330000.00	13%	42900.00
合　计					¥330000.00		¥42900.00

价税合计(大写) ⊗叁拾柒万贰仟玖佰元整　　　　　　　　（小写）¥372900.00

销售方	名　　称：滨海市同兴有限公司 纳税人识别号：913711120140102301 地址、电话：滨海市河东区泰山路 312 号　88998222 开户行及账号：中国建设银行河东区泰山分行 1201200458623457	备注	

收款人：×××　　　　复核：×××　　　　开票人：×××　　　　销售方：（章）

第二联：抵扣联　购买方扣税凭证

表 2-4-33

商业承兑汇票

7-3/4

签发日期 2019 年 08 月 20 日　　　　　　　　　　　　　　第 0020056 号

收款人	全　称	滨海市同兴有限公司	付款人	全　称	滨海市昌盛有限公司
	账　号	1201200458623457		账　号	3000001173269158
	开户银行	中国建设银行河东区泰山分行		开户银行	中国工商银行滨海支行华阳营业部

汇票金额	人民币(大写)	叁拾柒万贰仟玖佰元整	亿	千	百	十	万	千	百	十	元	角	分
					¥	3	7	2	9	0	0	0	0

汇票到期日	2019 年 11 月 20 日	交易合同号码	56766-1

本汇票已经本单位承兑，到期日无条件支付票款 此致 收款人盖章	汇款签发人盖章 负责　　　　经办

（此联是收款人开户银行随结算凭证寄付款人开户银行作付出传票附件）

表 2-4-34

滨海市昌盛有限公司收料单

7-4/4

2019 年 8 月 20 日

发票号码：045789202

供应单位：滨海市同兴有限公司　　　　　　　　　　　　　　收料单编号：××

材料类别：原料及主要材料　　　　　　　　　　　　　　　　收料仓库：××仓库

编号	名称	规格	单位	数量		实际成本（元）					备注
				应收	实收	买价		运杂费	其他	合计	
						单价	金额				
	A材料		吨	300	300	1100	330000			330000	
合　　计										¥330000	

主管：　　采购员：　　检验员：　　记账员：　　保管员：张丽

【业务8】支付广告费。

表 2-4-35　　8-1/2

中国工商银行
转账支票存根（滨）
ⅩⅥ00006207

附加信息 ＿＿＿＿＿＿＿＿＿

＿＿＿＿＿＿＿＿＿＿＿＿＿

＿＿＿＿＿＿＿＿＿＿＿＿＿

日期 2019 年 08 月 22 日

收款人：	滨海市迅达广告公司
金　额：	¥8000.00
用　途：	支付广告费
单位主管：李盛利	会计：刘惠

表 2-4-36

8-2/2

滨海通用机打发票
发票联

发票代码 11000000000567

发票号码 67536001

开票日期：2019-08-22　　　行业分类：广告业

付款方名称：滨海市昌盛有限公司　　　　　付款方识别号：913711120140106369

付款方地址：滨海市阳城区华阳路 369 号　　付款方电话：88998899

开票项目	规格/型号	单位	数量	单价	金额
*文化创意服务*广告费		–	1	8000.00	8000.00

备注：

总计金额：¥8000.00　　　　　　　　　　金额大写：捌仟元整

收款方名称：滨海市迅达广告公司　　　　　收款方识别号：912301567890123997

收款方地址：滨海市义和街北路 356 号　　　收款方电话：55332244

查验码：13209987140122060168711150　　开票人：刘凯

开具金额合计限壹万元（含），万元以上无效

【业务 9】向灾区捐款。

表 2-4-37　　9-1/2

中国工商银行

转账支票存根（滨）

ⅩⅥ00006208

附加信息 ＿＿＿＿＿＿＿＿＿

＿＿＿＿＿＿＿＿＿＿＿＿

＿＿＿＿＿＿＿＿＿＿＿＿

日期 2019 年 08 月 25 日

收款人：	中国红十字会
金　额：	¥80000.00
用　途：	地震灾区捐赠款

单位主管：李盛利　会计：刘惠

表 2-4-38　　9-2/2

收款收据

2019 年 08 月 25 日　　　　No 000766

交款单位　滨海市昌盛有限公司　　　收款方式　转账支票

收款事由　向四川灾区捐赠款

人民币（大写）捌万元整　　　　　　　¥80000.00

收款单位（盖章）　审核：郑智　　记账：任真　　出纳：张辉　　经办：周正

【业务 10】 收到前欠货款。

表 2-4-39

中国工商银行 **进账单** （收 账 通 知）   3   10-1/1

2019 年 08 月 28 日

<table>
<tr><td rowspan="3">出票人</td><td>全称</td><td>海中飞有限公司</td><td rowspan="3">收款人</td><td>全称</td><td colspan="11">滨海市昌盛有限公司</td></tr>
<tr><td>开户银行</td><td>中国建设银行解放路支行营业部</td><td>开户银行</td><td colspan="11">中国工商银行滨海支行华阳营业部</td></tr>
<tr><td>账号</td><td>2000000112233237</td><td>账号</td><td colspan="11">3000001173269158</td></tr>
<tr><td rowspan="2">金额</td><td rowspan="2">人民币
（大写）</td><td rowspan="2" colspan="2">壹拾壹万叁仟元整</td><td>千</td><td>百</td><td>十</td><td>万</td><td>千</td><td>百</td><td>十</td><td>元</td><td>角</td><td>分</td></tr>
<tr><td>¥</td><td>1</td><td>1</td><td>3</td><td>0</td><td>0</td><td>0</td><td>0</td><td>0</td><td>0</td></tr>
<tr><td>票据种类</td><td>转账支票</td><td>票据张数</td><td>1 张</td><td colspan="10" rowspan="3"></td></tr>
<tr><td>票据号码</td><td colspan="3">X VI00003209</td></tr>
<tr><td colspan="4"></td></tr>
<tr><td colspan="4">复核   记账</td><td colspan="10">收款人开户银行签章</td></tr>
</table>

此联是收款人开户行交给收款人的收账通知

2．根据上述资料编制的简易记账凭证如表 2-4-40 所示。

表 2-4-40

简 易 记 账 凭 证 表

单位：元

2019年 月	日	凭证号数	摘 要	会计分录 账户名称	借方金额	贷方金额	附件张数	记账标记
08	02	银收01	销售甲产品	银行存款	610200		2	
				主营业务收入——甲产品		540000		
				应交税费——应交增值税（销项税额）		70200		
08	06	银付01	购买材料	原材料——A材料	230000		4	
				——B材料	60000			
				应交税费——应交增值税（进项税额）	37700			
				银行存款		327700		
08	06	银付02	支付电汇手续费	财务费用	50		1	
				银行存款		50		
08	07	银付03	缴纳上月税金	应交税费——未交增值税	13000		2	
				——应交城市维护建设税	910			
				——应交教育费附加	390			
				银行存款		14300		
08	15	银收02	取得借款	银行存款	250000		1	
				短期借款		250000		
08	15	银付04	提现备用	库存现金	3000		1	
				银行存款		3000		
08	19	转字01	销售乙产品	应收账款——海中飞有限公司	113000		3	
				主营业务收入——乙产品		100000		
				应交税费——应交增值税（销项税额）		13000		

续表

2019年		凭证号数	摘 要	会计分录			附件张数	记账标记
月	日			账户名称	借方金额	贷方金额		
08	20	转字02	购买材料	原材料——A材料	330000		4	
				应交税费——应交增值税（进项税额）	42900			
				应付票据		372900		
08	22	银付05	支付广告费	销售费用——广告费	8000		2	
				银行存款		8000		
08	25	银付06	向灾区捐款	营业外支出	80000		2	
				银行存款		80000		
08	28	银收03	收到前欠货款	银行存款	113000		1	
				应收账款——海中飞有限公司		113000		

【要求】

1．根据上述资料登记"银行存款日记账"的月初余额，如表2-4-41所示。

2．根据上述资料逐笔登记银行存款日记账，如表2-4-41所示。

3．正确进行月结，如表2-4-41所示。

表 2-4-41

银行存款日记账

年		凭证号数	结算方式		摘 要	对方科目	借 方										贷 方										借或贷	余 额									
月	日		类别	号数			千	百	十	万	千	百	十	元	角	分	千	百	十	万	千	百	十	元	角	分		千	百	十	万	千	百	十	元	角	分

实训五 分 类 账

实训目的

1. 熟练掌握总分类账的登记方法；
2. 熟练掌握明细分类账的登记方法。

实训指导

登记账簿的有关规定

账簿是全面记录和反映一个单位经济业务，把大量分散的数据或资料进行归类整理，逐步加工成有用会计信息的簿籍，它是编制财务报表的重要依据。登记账簿，是会计核算工作的重要环节。因此，《会计基础工作规范》对登记账簿做出了以下规定。

1. 账簿的设置。各单位应当按照国家统一会计制度的规定和会计业务的需要设置账簿。账簿包括总账、明细账、日记账和其他辅助性账簿。对每个会计事项，一方面要记入有关的总账，另一方面要记入该总账所属的明细账。

（1）总账的形式，《会计基础工作规范》未做统一规定，可以采用"三栏式"的订本账或者活页账，也可以采用棋盘式总账，还可以采用具有期初余额、本期发生额和期末余额的科目汇总表代替总账，但只有本期发生额的科目汇总表不能代替总账。各单位可以根据实际情况自行选择总账。

（2）明细账可以有多种形式，如订本式、活页式、三栏式、多栏式等。各单位可以自行选择。

（3）实行会计电算化的单位，用计算机打印的账簿必须连续编号，经审核无误后装订成册，并由记账人员和会计机构负责人、会计主管人员签字或者盖章，以防止账页的散失和被抽换，保证会计资料的完整。

2. 账簿的启用。启用新的账簿时，应当在账簿封面上写明单位名称和账簿名称，并填写账簿扉页上的"启用表"，注明启用日期、账簿起止页数（活页式账簿，可于装订时填写起止页数）、记账人员和会计机构负责人、会计主管人员姓名等，并加盖名章和单位公章。当记账人员或者会计机构负责人、会计主管人员调动工作时，也要在"启用表"上注明交接日期、接办人员和监交人员姓名，并由交接双方签字或者盖章。这样做是为了明确有关人员的责任，加强有关人员的责任感，维护账簿记录的严肃性。

3. 账簿的登记。会计人员应当根据审核无误的会计凭证登记账簿，至于各种账簿应当每隔多长时间登记一次，《会计基础工作规范》未做统一规定。一般来说，总账要按照单位所采用的账务处理程序及时记账。采用记账凭证账务处理程序的单位，直接根据记账凭证定期（3天、5天或者10天）登记，在这种账务处理程序下，应当尽可能地根据原始凭证编制原始凭证汇总表，根据原始凭证汇总表和原始凭证填制记账凭证，根据记账凭证登记总账；采用科目汇总表账务处理程序的单位，可以根据定期汇总编制的科目汇总表随时登记总账；采用汇总记账凭证账务处理程序的单位，可以根据汇总收款凭证、汇总付款凭证和汇总转账凭证的合计数，月终时一次登记总账。各单位具体采用哪一种账务处理程序，每隔几天登记一次总账，可以由本单位根据实际情况自行确定。各种明细账，要根据原始凭证、原始凭证汇总表和记账凭证每天进行登记，也可以定期（3 天或者 5 天）登记。但债权债务明细账和财产物资明细账应当每天登记，以便随时与对方单位结算，核对库存余额。

对于登记账簿的具体要求，《会计基础工作规范》规定如下。

（1）登记账簿时，应当将会计凭证日期、编号、业务内容摘要、金额和其他有关资料逐项登记入账。登记完毕后，记账人员要在记账凭证上签名或者盖章，并注明已经登账的符号（如打"√"等）。

（2）各种账簿要按页次顺序连续登记，不得跳行、隔页。除制度规定允许用红色墨水登账的情况外，登记账簿要用蓝黑墨水或者碳素墨水书写，不得用圆珠笔（银行的复写账簿除外）或者铅笔书写。账簿中书写的文字和数字一般应占格距的 1/2，以便留有改错的空间。

（3）凡需结出余额的账户，应当定期结出余额。每一账页登记完毕结转下页时，应当结出本页合计数和余额，写在本页最后一行和下页第一行有关栏内，并在摘要栏内注明"过次页"和"承前页"字样。对"过次页"的本页合计数如何计算，一般分三种情况：需要结计本月发生额的账户，结计"过次页"的本页合计数应为自本月初起至本页末止的发生额合计数；需要结计本年累计发生额的账户，结计"过次页"的本页合计数应当为自年初起至本页末止的累计数；既不需要结计本月发生额，也不需要结计本年累计发生额的账户，可以只将每页末的余额结转次页。

（4）账簿记录的错误更正。如果账簿记录发生错误，不允许用涂改、挖补、刮擦、药水消除字迹等手段更正错误，也不允许重抄，而应当根据情况，按照规定采用划线更正法等进行更正；由于记账凭证错误而使账簿记录发生错误，应当首先更正记账凭证，然后再按更正的记账凭证登记账簿。

（5）对账。对账就是核对账目。会计核算要求账簿登记清晰、准确，但在实际工作中，由于种种原因，账目难免会出现错漏。因此，需要经常进行对账，即将账簿记录的有关数字与库存实物、货币资金、有价证券、往来单位或者个人等进行相互核对，保证账证相符、账账相符、账实相符。《会计基础工作规范》要求，各单位的对账工作每年至少进行一次。

（6）结账。结账是在将本期内所发生的经济业务全部登记入账的基础上，按照规定的方法对该期内的账簿记录进行小结，结算出本期发生额合计和余额，并将其余额结转下期或者转入新账。为了正确反映一定时期内在账簿记录中已经记录的经济业务，总结有关经济业务活动和财务状况，各单位必须在会计期末进行结账，不得为赶编财务报表而提前结账，更不得先编制财务报表后结账。结账时，应当根据不同的账户记录，分别采用不同的方法：

① 对不需要按月结计本期发生额的账户，如各项应收应付款明细账和各项财产物资明细账等，每次记账以后，都要随时结出余额，每月最后一笔余额即为月末余额。也就是说，月末余额就是本月最后一笔经济业务记录的同一行内的余额。月末结账时，只需要在最后一笔经济业务记录之下通栏划红单线，不需要再结计一次余额。划线的目的是突出体现有关数字，表示本期的会计记录已经截止或者结束，并将本期与下期的记录明显分开。

② 需要按月结计发生额的收入、费用等明细账，每月结账时，要在最后一笔经济业务记录下面通栏划红单线，结出本月发生额和余额，并在摘要栏内注明"本月合计"字样，在下面再通栏划红单线。

③ 需要结计本年累计发生额的某些明细账户，每月结账时，应在"本月合计"行下结出自年初起至本月末止的累计发生额，登记在月份发生额下面，在摘要栏内注明"本年累计"字样，并在下面再通栏划红单线。12 月末的"本年累计"就是全年累计发生额，全年累计发生额下通栏划红双线。

④ 总账账户平时只需结出月末余额。年终结账时，为了总括反映本年全年各项资金运动

情况的全貌，核对账目，要将所有总账账户结出全年发生额和年末余额，在摘要栏内注明"本年合计"字样，并在合计数下通栏划红双线。采用棋盘式总账和科目汇总表代替总账的单位，年终结账时，应当汇编一张全年合计的科目汇总表和棋盘式总账。

⑤ 年度终了结账时，有余额的账户，要将其余额结转下年。结转的方法是，将有余额的账户的余额直接记入新账余额栏内，不需要编制记账凭证，也不必将余额再记入本年账户的借方或者贷方，使本年有余额的账户的余额变为零。因为，既然年末是有余额的账户，其余额应当如实地在账户中加以反映，否则，容易混淆有余额的账户和没有余额的账户。

⑥ 对于新的会计年度建账问题，一般来说，总账和多数明细账应每年更换一次。但有些财产物资明细账和债权债务明细账，由于材料品种、规格和往来单位较多，更换新账，重抄一遍工作量较大，因此，可以跨年度使用，不必每年度都更换一次。各种备查簿也可以连续使用。

实训用品

总账 1 本，数量金额式明细账 4 张，三栏式明细账 3 张，多栏式明细账 3 张；个人名章、记账笔、红笔等。

实战演练

任务一　登记总分类账

【资料】滨海市昌盛有限公司 2019 年 6 月份总账及有关明细账月末余额表如表 2-5-1 所示，2019 年 5 月份发生的经济业务如表 2-5-2 所示。

表 2-5-1

滨海市昌盛有限公司 2019 年 6 月份总账及有关明细账月末余额表

2019 年 06 月 30 日　　　　　　　　　　　　　　　　　　　　单位：元

资产类科目	金额	负债及所有者权益	金额
库存现金	2700	短期借款	15000
银行存款	50000	应付票据	10000
应收账款 ——宏达公司 ——华能公司	30000 20000 10000	应付账款 ——信达有限公司	20000 20000
原材料 ——A 材料（20 吨×120 元/吨） ——B 材料（16 吨×40 元/吨）	3040 2400 640	应交税费 ——未交增值税 ——应交城市维护建设税 ——应交教育费附加	22000 20000 1400 600
库存商品 ——甲产品（80 件×200 元/件） ——乙产品（70 件×100 元/件）	23000 16000 7000	应付职工薪酬	9000
固定资产	900000	实收资本	645740
减：累计折旧	20000	资本公积	90000
		盈余公积	82000
		本年利润	95000
资产总计	988740	负债及所有者权益总计	988740

表 2-5-2

滨海市昌盛有限公司 2019 年 7 月份简易记账凭证表

序号	日期	凭证字号	摘　要	会计分录		
1	02	记字 01	收到前欠货款	借：银行存款 　贷：应收账款——华能公司	10000	10000
2	06	记字 02	购入原材料	借：原材料——A 材料 　　应交税费——应交增值税（进） 　贷：银行存款	11000 1430	12430
3	10	记字 03	提取现金	借：库存现金 　贷：银行存款	8500	8500
4	10	记字 04	发放工资	借：应付职工薪酬 　贷：库存现金	6500	6500
5	11	记字 05	购入原材料	借：原材料——B 材料 　　应交税费——应交增值税（进） 　贷：应付账款——信达	4000 520	4520
6	15	记字 06	领用原材料	借：生产成本——甲产品 　　　　　　——乙产品 　　制造费用 　贷：原材料——A 材料 　　　　　　——B 材料	6800 2000 400	6800 2400
7	20	记字 07	销售商品	借：应收账款——宏达公司 　贷：主营业务收入——甲产品 　　　应交税费——应交增值税（销）	16950	15000 1950
8	23	记字 08	计提折旧	借：制造费用 　　管理费用 　贷：累计折旧	4000 680	4680
9	25	记字 09	计提分配工资	借：生产成本——甲产品 　　　　　　——乙产品 　　制造费用 　　管理费用 　贷：应付职工薪酬	3000 2320 4000 680	10000
10	26	记字 10	销售商品	借：应收账款——华能公司 　贷：主营业务收入——乙产品 　　　应交税费——应交增值税（销）	13560	12000 1560
11	30	记字 11	结转制造费用	借：生产成本——甲产品 　　　　　　——乙产品 　贷：制造费用	6300 2100	8400
12	30	记字 12	完工产品入库	借：库存商品——甲产品 　　　　　　——乙产品 　贷：生产成本——甲产品 　　　　　　——乙产品	16100 6420	16100 6420
13	30	记字 13	结转销售成本	借：主营业务成本——甲产品 　　　　　　——乙产品 　贷：库存商品——甲产品 　　　　　　——乙产品	10000 6000	10000 6000
14	31	记字 14	结转费用	借：本年利润 　贷：管理费用 　　　主营业务成本	17360	1360 16000
15	31	记字 15	结转收入	借：主营业务收入 　贷：本年利润	27000	27000

【要求】根据上述滨海市昌盛有限公司 2019 年 6 月份总账及有关明细账月末余额表（见表 2-5-1）与滨海市昌盛有限公司 2019 年 7 月份简易记账凭证表（见表 2-5-2）登记滨海市昌盛有限公司 7 月份各账户总账（这里只提供表 2-5-3 和表 2-5-4 两个总账账页格式，其余总账账页由学生自己准备）。

表 2-5-3

总 分 类 账

账户名称：_____   第　页

年		凭证		摘　要	借方金额									贷方金额									借或贷	余　额								
月	日	字	号		百	十	万	千	百	十	元	角	分	百	十	万	千	百	十	元	角	分		百	十	万	千	百	十	元	角	分

表 2-5-4

总 分 类 账

账户名称：_____   第　页

年		凭证		摘　要	借方金额									贷方金额									借或贷	余　额								
月	日	字	号		百	十	万	千	百	十	元	角	分	百	十	万	千	百	十	元	角	分		百	十	万	千	百	十	元	角	分

任务二 登记三栏式明细账和多栏式明细账

【资料】滨海市昌盛有限公司2019年6月份总账及有关明细账月末余额表（见表2-5-1），滨海市昌盛有限公司2019年7月份简易记账凭证表（见表2-5-2）。

【要求】根据滨海市昌盛有限公司2019年6月份总账及有关明细账月末余额表（见表2-5-1）与滨海市昌盛有限公司2019年7月份简易记账凭证表（见表2-5-2），登记滨海市昌盛有限公司7月份应收账款明细账、应付账款明细账、制造费用明细账、生产成本明细账、管理费用明细账，分别如表2-5-5～表2-5-9所示（每种明细账只提供一个账页格式，其余明细账由学生自己准备）。

表 2-5-5

应收账款明细账

明细账户：＿＿＿＿＿＿＿＿＿＿＿ 第 页

年		凭证		摘 要	借方金额										贷方金额										借或贷	余 额									
月	日	字	号		百	十	万	千	百	十	元	角	分	百	十	万	千	百	十	元	角	分		百	十	万	千	百	十	元	角	分

表 2-5-6

应付账款明细账

明细账户：＿＿＿＿＿＿＿＿＿＿＿ 第 页

年		凭证		摘 要	借方金额										贷方金额										借或贷	余 额									
月	日	字	号		百	十	万	千	百	十	元	角	分	百	十	万	千	百	十	元	角	分		百	十	万	千	百	十	元	角	分

表 2-5-7

制造费用明细账

车间名称：＿＿＿＿＿

年		凭证		摘要	借方金额					
					工资	职工福利	折旧费	……	合计	
月	日	字	号		十万千百十元角分	十万千百十元角分	十万千百十元角分	十万千百十元角分	十万千百十元角分	

表 2-5-8

生产成本明细账

产品名称：＿＿＿＿＿　　生产工期：＿＿＿＿＿　　车间名称：＿＿＿＿＿
投入产量：＿＿＿＿＿　　投产时间：＿＿＿＿＿　　规格型号：＿＿＿＿＿

年		凭证		摘要	直接材料	直接人工	制造费用	合计
月	日	字	号		百十万千百十元角分	百十万千百十元角分	百十万千百十元角分	百十万千百十元角分

表 2-5-9

管理费用明细账

年		凭证		摘要	借方金额					
					公司经费	工会经费	劳动保险费	业务招待费	……	合计
月	日	字	号		十万千百十元角分	十万千百十元角分	十万千百十元角分	十万千百十元角分	十万千百十元角分	十万千百十元角分

任务三　登记数量金额式明细账

【资料】

1. 滨海市昌盛有限公司 2019 年 6 月份总账及有关明细账月末余额表（见表 2-5-1）；

2. 滨海市昌盛有限公司 2019 年 7 月份简易记账凭证表（见表 2-5-2）；

3. 滨海市昌盛有限公司 2019 年 7 月份原材料收料单和领料单（见表 2-5-10～表 2-5-14）及库存商品入库单和出库单（见表 2-5-15～表 2-5-18）。

表 2-5-10

滨海市昌盛有限公司收料单

供应单位：信达公司　　　　　　2019 年 07 月 06 日　　　　　　收料单编号：＿＿＿＿
材料类别：原料及主要材料　　　　　　　　　　　　　　　　　　收料仓库：＿＿＿＿

编号	名称	规格	单位	数量		实际成本（元）					备注
				应收	实收	买价		运杂费	其他	合计	
						单价	金额				
	A 材料		吨	100	100	110	11000.00			11000.00	
合　　　计							￥11000.00			￥11000.00	

主管：×××　　采购员：×××　　检验员：×××　　记账员：×××　　保管员：×××

表 2-5-11

滨海市昌盛有限公司收料单

供应单位：信达公司　　　　　　2019 年 07 月 11 日　　　　　　收料单编号：＿＿＿＿
材料类别：原料及主要材料　　　　　　　　　　　　　　　　　　收料仓库：＿＿＿＿

编号	名称	规格	单位	数量		实际成本（元）					备注
				应收	实收	买价		运杂费	其他	合计	
						单价	金额				
	B 材料		吨	100	100	40	4000.00			4000.00	
合　　　计							￥4000.00			￥4000.00	

主管：×××　　采购员：×××　　检验员：×××　　记账员：×××　　保管员：×××

表 2-5-12

滨海市昌盛有限公司领料单

领料部门：**生产部门**　　　　　　　　*2019 年 07 月 15 日*　　　　　编　　号：_____
　　　　　　　　　　　　　　　　　　　　　　　　　　　　　　　　发料仓库：_____

编号	类别	名称及规格	计量单位	数量		金额									
				请领	实领	单价	百	十	万	千	百	十	元	角	分
	原料	A 材料	吨	20	20	120				2	4	0	0	0	0
	原料	A 材料	吨	40	40	110				4	4	0	0	0	0
用途		生产甲产品用料				合计			￥	6	8	0	0	0	0

此联　记账联

主管：×××　　　审批：×××　　　保管：×××　　　记账：×××　　　领料：×××

表 2-5-13

滨海市昌盛有限公司领料单

领料部门：**生产部门**　　　　　　　　*2019 年 07 月 15 日*　　　　　编　　号：_____
　　　　　　　　　　　　　　　　　　　　　　　　　　　　　　　　发料仓库：_____

编号	类别	名称及规格	计量单位	数量		金额									
				请领	实领	单价	百	十	万	千	百	十	元	角	分
	原料	B 材料	吨	50	50	40				2	0	0	0	0	0
用途		生产乙产品用料				合计			￥	2	0	0	0	0	0

此联　记账联

主管：×××　　　审批：×××　　　保管：×××　　　记账：×××　　　领料：×××

表 2-5-14

滨海市昌盛有限公司领料单

领料部门：**生产部门**　　　　　　　　*2019 年 07 月 15 日*　　　　　编　　号：_____
　　　　　　　　　　　　　　　　　　　　　　　　　　　　　　　　发料仓库：_____

编号	类别	名称及规格	计量单位	数量		金额									
				请领	实领	单价	百	十	万	千	百	十	元	角	分
	原料	B 材料	吨	10	10	40					4	0	0	0	0
用途		车间一般耗用				合计				￥	4	0	0	0	0

此联　记账联

主管：×××　　　审批：×××　　　保管：×××　　　记账：×××　　　领料：×××

本月投产甲产品全部完工，送交数量和实收数量均为 80 件，如表 2-5-15 所示。

表 2-5-15

滨海市昌盛有限公司产品入库单

仓库：_____　　　　　　　　2019 年 07 月 30 日　　　　　　　　第×××号

编号	类别	产品名称	单位	数量		单价	金　额										备注
				送交数量	实收数量		千	百	十	万	千	百	十	元	角	分	
		甲产品	件	80	80	201.25			1	6	1	0	0	0	0		
	合　　　计								¥	1	6	1	0	0	0		

主管：×××　　会计：×××　　质检员：×××　　保管员：×××　　经手人：×××

此联　记账联

本月投产乙产品全部完工，送交数量和实收数量均为 60 件，如表 2-5-16 所示。

表 2-5-16

滨海市昌盛有限公司产品入库单

仓库：_____　　　　　　　　2019 年 07 月 30 日　　　　　　　　第×××号

编号	类别	产品名称	单位	数量		单价	金　额										备注
				送交数量	实收数量		千	百	十	万	千	百	十	元	角	分	
		乙产品	件	60	60	107			6	4	2	0	0	0			
	合　　　计								¥	6	4	2	0	0	0		

主管：×××　　会计：×××　　质检员：×××　　保管员：×××　　经手人：×××

此联　记账联

表 2-5-17

滨海市昌盛有限公司产品出库单

仓库：_____　　　　　　　　2019 年 07 月 30 日　　　　　　　　第×××号

销售（领用）单位		销售部门			用途		销售给宏达公司									
产品编号	产品名称	规格型号	单位	数量		单位成本	金额									
				请领数量	实发数量		亿	千	百	十	万	千	百	十	元	角	分
	甲产品		件	50	50	200		1	0	0	0	0	0	0		
	合　　　计							¥	1	0	0	0	0	0	0	

会计主管：×××　　　　会计：×××　　　　发货主管：×××　　　　保管员：×××

表 2-5-18

滨海市昌盛有限公司产品出库单

2019 年 07 月 30 日　　　　　　　　　第×××号

销售（领用）单位			销售部门		用途	销售给宏达公司							
产品编号	产品名称	规格型号	单位	数量		单位成本	金额						
				请领数量	实发数量		亿	千	百	十	万	千	百	十	元	角	分
	乙产品		件	60	60	100						6	0	0	0	0	0
												￥	6	0	0	0	0	0

会计主管：×××　　　会计：×××　　　发货主管：×××　　　保管员：×××

【要求】根据资料1～资料3登记滨海市昌盛有限公司 2019 年 7 月份原材料明细账与库存商品明细账，如表 2-5-19 和表 2-5-20 所示（每种明细账只提供一个账页格式，其余明细账由学生自己准备）。

表 2-5-19

原材料明细账

类别：　　　　　　　　　　　　　　　　　　存放地点：
品名及规格：　　　　　　　　　　　　　　　计量单位：

年		凭证		摘要	收入			发出			结存		
月	日	字	号		数量	单价	金额 百十万千百十元角分	数量	单价	金额 百十万千百十元角分	数量	单价	金额 百十万千百十元角分

表 2-5-20

库存商品明细账

类别：　　　　　　　　　　　　　　　　　　存放地点：
品名及规格：　　　　　　　　　　　　　　　计量单位：

年		凭证		摘要	收入			发出			结存		
月	日	字	号		数量	单价	金额 百十万千百十元角分	数量	单价	金额 百十万千百十元角分	数量	单价	金额 百十万千百十元角分

实训六　错账更正

实训目的

通过对常见错账更正业务的实训练习，使学生认识与分析错账类型，正确理解每种错账更正方法的适用范围，掌握各种错账更正的方法，正确进行账务处理；培养学生一丝不苟的职业意识，增强学生的责任感。

实训指导

各种更正方法的适用范围、更正方法和口诀速记，如表 2-6-1、表 2-6-2 和表 2-6-3 所示。

表 2-6-1　划线更正法

适用范围	在结账前，发现记账凭证填制无误而账簿记录上文字或数字错误
更正方法	先在错误的文字或全部数字正中划一条红线，表示错误内容已被注销，但应保持原记录文字或数字的内容清晰易于辨认。然后，将正确的文字或数字用蓝、黑色墨水书写在被注销的文字或数字上端的空白处，并由记账人员在更正处签章，以保证以后会计核算的正确，同时明确相关人员的责任
口诀速记	文字个改数全部，证对账错划线处，同时盖章不要误

表 2-6-2　红字更正法

红字全部更正法	
适用范围	记账后，如果发现记账凭证所记的科目或金额有错误，从而导致账簿记录发生错误
更正方法	用红字填制一张与原错误的记账凭证完全相同的记账凭证，并登记入账，以便冲销原错误的账簿记录；同时再用蓝字填制一张正确的记账凭证，在摘要栏注明"订正×年×月×号凭证"，然后登记入账
红字部分更正法	
适用范围	记账后，发现记账凭证中应借、应贷的会计科目没有错误，只是记账凭证和账簿记录中所记金额大于应记金额，不适用于银行存款的更正
更正方法	将多记的金额用红字填制一张与原错误记账凭证内容完全相同的记账凭证并据以用红字登记入账，以冲销多记的金额
口诀速记	科目方向全部对，多记金额红字冲； 科目方向出错误，先冲后填不要误

表 2-6-3　补充登记法

适用范围	记账或结账后，经核对发现记账凭证中使用的会计科目，应借、应贷方向没有错误，只是所记金额小于应记金额，并已据此登记入账，造成账簿记录错误，不适用于银行存款的更正
更正方法	按照少记的金额，填制一张与原记账凭证中的会计科目，应借、应贷方向完全相同的记账凭证，在"摘要"栏注明"补充×月×日×字×号凭证少记金额"，依此凭证过入相应的账簿中，在账簿的"摘要"栏注明"补充×月×日少记金额"
口诀速记	科目方向全部对，少记金额蓝字补

实战演练

任务一 划线更正法

【资料】

1. 2019 年 10 月 6 日，发现记账员刘惠在根据"银付 2"过账时，误把"货款"写成"贷款"。账面记录如表 2-6-4 所示。

2. 2019 年 10 月 7 日，发现记账员刘惠根据"银付 3"凭证登记银行存款日记账时，误将"18697.20"写成"18679.20"。账面记录如表 2-6-4 所示。

表 2-6-4

银行存款日记账

单位：元

2019年 月	日	凭证号数	结算方式 类别	结算方式 号数	摘要	对方科目	借方 千百十万千百十元角分	贷方 千百十万千百十元角分	借或贷	余额 千百十万千百十元角分
10	01				期初余额				借	193450 00
10	01	银付1	略		提现，备发工资	库存现金		10000 00	借	192450 00
10	06	银付2			收到前欠货款	应付账款		100000 00	借	182450 00
10	07	银收1			借入短期借款	短期借款	1800000 00		借	362450 00
10	07	银付3			购料入库，付款	原材料		186792 0	借	343770 80

【要求】请采用划线更正法对上述错误之处予以更正。

任务二 红字全部更正法

【资料】2019 年 10 月 7 日，发现"银付 2"凭证错误，误将"应收账款"科目写成"应付账款"科目，已经据以入账。部分账面记录如表 2-6-5 所示（涉及的其他账簿略）。

表 2-6-5

银行存款日记账

单位：元

2019年 月	日	凭证号数	结算方式 类别	结算方式 号数	摘要	对方科目	借方 千百十万千百十元角分	贷方 千百十万千百十元角分	借或贷	余额 千百十万千百十元角分
10	01				期初余额				借	193450 00
10	01	银付1	略		提现，备发工资	库存现金		10000 00	借	192450 00
10	06	银付2			收到前欠货款	应付账款		100000 00	借	182450 00
10	07	银收1			借入短期借款	短期借款	1800000 00		借	362450 00
10	07	银付3			购料入库，付款	原材料		186920	借	343752 80

错误凭证如表 2-6-6 所示。

表 2-6-6

付 款 凭 证

装订顺序第＿＿＿号

贷方科目：银行存款　　　　　　　　　2019 年 10 月 06 日　　　　　　　　　银付字第 _2_ 号

摘　要	借 方 科 目		金　　额										记账（✓）	附件
	一级科目	明细科目	千	百	十	万	千	百	十	元	角	分		
收到前欠货款	应付账款	东方公司				1	0	0	0	0	0	0	✓	1
														张
合　　　　　计					￥	1	0	0	0	0	0	0	✓	

财务主管：　　　　审核：李盛利　　　记账：刘惠　　　出纳：陈玮　　　制单：刘惠

【要求】请采用红字全部更正法在表 2-6-7～表 2-6-8 中，对上述发生的错误予以更正（涉及的其他账簿略）。

表 2-6-7

付 款 凭 证

装订顺序第＿＿＿号

贷方科目：　　　　　　　　　　　　年　月　日　　　　　　　　　　　付字第＿＿＿号

摘　要	借 方 科 目		金　　额										记账（✓）	附件
	一级科目	明细科目	千	百	十	万	千	百	十	元	角	分		
														张
合　　　　　计														

财务主管：　　　　审核：　　　　记账：　　　　出纳：　　　　制单：

表 2-6-8

收 款 凭 证

装订顺序第＿＿＿号

借方科目：　　　　　　　　　　　　年　月　日　　　　　　　　　　　收字第＿＿＿号

摘　要	贷 方 科 目		金　　额										记账（✓）	附件
	一级科目	明细科目	千	百	十	万	千	百	十	元	角	分		
														张
合　　　　　计														

财务主管：　　　　审核：　　　　记账：　　　　出纳：　　　　制单：

任务三 红字部分更正法

【资料】2019 年 10 月 7 日，发现"现付 2"凭证错误，误将金额"396"元误记为"936"元，并已据以入账。部分账簿记录如表 2-6-9 所示（涉及的其他账簿略）。

表 2-6-9

总 分 类 账

账户名称：5502 管理费用　　　　　　　　　　　　　　　　　　　　　　　第　页

2019年		凭证		摘　要	借方金额									贷方金额									借或贷	余　额								
月	日	字	号		百	十	万	千	百	十	元	角	分	百	十	万	千	百	十	元	角	分		百	十	万	千	百	十	元	角	分
10	01	银付	1	支付保险费					5	2	0	0	0										借					5	2	0	0	0
10	02	现付	2	招待王方等人					9	3	6	0	0										借				1	4	5	6	0	0
10	03	现付	3	支付过桥费						8	0	0	0										借				1	5	3	6	0	0
10	06	银付	3	支付电话费					6	2	5	0	0										借				2	1	6	1	0	0
10	07	银付	5	支付固定资产修理费					5	0	0	0	0										借				2	6	6	1	0	0

错误凭证如表 2-6-10 所示。

表 2-6-10

付 款 凭 证

装订顺序第＿＿号

贷方科目：库存现金　　　　　2019 年 10 月 02 日　　　　　现付字第 2 号

摘　要	借方科目		金　额									记账(✓)	附件
	一级科目	明细科目	千	百	十	万	千	百	十	元	角	分	
招待王方等人	管理费用	招待费					9	3	6	0	0	✓	2张
合　　计							￥	9	3	6	0	0	

财务主管：　　审核：李盛利　　记账：刘惠　　出纳：陈玮　　制单：刘惠

【要求】请采用红字部分更正法在表 2-6-9 和表 2-6-11 中，对上述错误予以更正（期末的"现付凭证"已编至现付字第 6 号）。

表 2-6-11

付 款 凭 证

装订顺序第＿＿号

贷方科目：　　　　　　　年　月　日　　　　　现付字第＿＿号

摘　要	借方科目		金　额									记账(✓)	附件
	一级科目	明细科目	千	百	十	万	千	百	十	元	角	分	
													张
合　　计													

财务主管：　　审核：　　记账：　　出纳：　　制单：

任务四 补充登记法

【资料】2019 年 10 月 7 日，记账员刘惠发现"现收 1"凭证出现错误，误将"10000"写成"1000"，已经据以入账。另：现收凭证已经编号至"现收 2"号。部分账面记录如表 2-6-12 所示（涉及的其他账簿略）。

表 2-6-12

现金日记账

第 32 页

2019年		凭证号数	摘要	对方科目	借方									贷方									借或贷	余额								
月	日				千	百	十	万	千	百	十	元	角	分	千	百	十	万	千	百	十	元	角	分		千	百	十	万	千	百	十	元	角	分
10	01		期初余额																						借					9	3	0	0	0
10	01	现收1	销售材料收入	其他业务收入					1	0	0	0	0	0											借					1	9	3	0	0	0
10	03	现付1	预借差旅费	其他应收款															8	0	0	0	0		借					1	1	3	0	0	0
10	06	现收2	交回差旅费余款	其他应收款						2	0	0	0	0											借					1	3	3	0	0	0

错误凭证如表 2-6-13 所示。

表 2-6-13

收 款 凭 证

装订顺序第＿＿号

借方科目：库存现金　　　　2019 年 10 月 01 日　　　　现收字第 01 号

摘要	借方科目		金额								记账(✓)	附件
	一级科目	明细科目	千	百	十	万	千	百	十	元	角	分	
销售材料收入	其他业务收入							8	8	4	9	6	✓
应交税费	应交增值税（销项税额）							1	1	5	0	4	✓
合计						￥	1	0	0	0	0	0	✓

财务主管：　　审核：李盛利　　记账：刘惠　　出纳：陈玮　　制单：刘惠

【要求】请采用补充登记法对上述错误之处在表 2-6-12 和表 2-6-14 中予以更正。

表 2-6-14

收 款 凭 证

装订顺序第＿＿号

借方科目：　　　　年　月　日　　　　字第＿＿号

摘要	借方科目		金额									记账(✓)	附件
	一级科目	明细科目	千	百	十	万	千	百	十	元	角	分	
合计													

财务主管：　　审核：　　记账：　　出纳：　　制单：

实训七　科目汇总表

实训目的

通过科目汇总表的实训，能够让学生将一定时期内的全部记账凭证，依据总账科目进行汇总，熟练采用全部汇总方式和分类汇总方式编制"科目汇总表"，简化登记总账的工作量。

实训指导

科目汇总表账务处理程序是对发生的经济业务，根据原始凭证或原始凭证汇总表编制记账凭证，再根据记账凭证定期编制科目汇总表，并据以登记总分类账的一种账务处理程序。它一般适用于规模较大、业务量较多的单位。

科目汇总表是根据一定时期内的记账凭证（收款凭证、付款凭证、转账凭证或通用记账凭证），按照总账科目进行汇总，定期（5天、10天、半月或月末一次）汇总出每个总账科目的借方本期发生额和贷方本期发生额，并填写在科目汇总表的相关栏内。具体编制步骤如下。

1．汇总

（1）根据本期全部记账凭证所涉及的每个会计科目开设"丁"形账户，并逐笔登记其金额。

（2）汇总计算每个"丁"形账户的本期借方发生额与本期贷方发生额。

2．过录

将每个"丁"形账户的名称与本期借、贷方发生额过录到科目汇总表中。

温馨提示：

对于科目汇总表中"库存现金"和"银行存款"科目的本期借方发生额和本期贷方发生额，也可以直接根据库存现金日记账和银行存款日记账的收入合计和支出合计填列。

3．试算平衡

在科目汇总表中，将所有会计科目本期借方发生额与贷方发生额分别进行合计。试算平衡后，可据此登记总分类账。

实训演练

任务一　全部汇总方式编制科目汇总表

【资料】2019年4月，滨海市昌盛有限公司的简易记账凭证表如表2-7-1所示。

表 2-7-1

简易记账凭证表

单位：元

2019年		凭证号数	摘要	会计分录			附件张数	记账标记
月	日			账户名称	借方金额	贷方金额		
04	01	记01	提现	库存现金	3000		1	
				银行存款		3000		
04	03	记02	预借差旅费	其他应收款——王斌	2000		1	
				库存现金		2000		
04	04	记03	收回货款	银行存款	200000		2	
				应收账款——华荣公司		200000		
04	06	记04	发放工资	应付职工薪酬——工资	278000		2	
				银行存款		278000		
04	07	记05	销售甲产品	银行存款	226000		3	
				主营业务收入——甲产品		200000		
				应交税费——应交增值税（销项税额）		26000		
04	09	记06	缴纳上月税金	应交税费——未交增值税	20000		4	
				——应交城市维护建设税	1400			
				——应交教育费附加	600			
				银行存款		22000		
04	10	记07	归还短期借款	短期借款	100000		2	
				银行存款		100000		
04	12	记08	归还借款利息	财务费用	2000		2	
				银行存款		2000		
04	13	记09	偿还欠款	应付账款——威利公司	80000		2	
				银行存款		80000		
04	14	记10	采购材料	原材料——A材料	50000		3	
				——B材料	80000			
				应交税费——应交增值税（进项税额）	16900			
				应付票据——威利公司		146900		
04	15	记11	支付并分配水费	生产成本——甲产品	10000		3	
				——乙产品	12000			
				制造费用	2000			
				管理费用	4000			
				银行存款		28000		
04	16	记12	销售乙产品	银行存款	169500		3	
				主营业务收入——乙产品		150000		
				应交税费——应交增值税（销项税额）		19500		
04	17	记13	支付广告费	销售费用	70000		2	
				银行存款		70000		
04	19	记14	领用材料	生产成本——甲产品	220000		1	
				——乙产品	432000			

2019年		凭证号数	摘要	会计分录			附件张数	记账标记
月	日			账户名称	借方金额	贷方金额		
04	19	记14	领用材料	原材料——A材料		532000		
				——B材料		120000		
04	21	记15	分配工资	生产成本——甲产品	100000		1	
				——乙产品	70000			
				制造费用	20000			
				管理费用	88000			
				应付职工薪酬——工资		278000		
04	22	记16	购买材料	原材料——A材料	100000		3	
				——B材料	50000			
				应交税费——应交增值税（进项税额）	19500			
				银行存款		169500		
04	23	记17	报销差旅费	库存现金	200		2	
				管理费用	1800			
				其他应收款——王斌		2000		
04	25	记18	购买办公用品	管理费用	500		1	
				库存现金		500		
04	27	记19	计提固定资产折旧	制造费用	30000		1	
				管理费用	4000			
				累计折旧		34000		
04	30	记20	结转销售产品成本	主营业务成本——甲产品	75000		1	
				——乙产品	56000			
				库存商品——甲产品		75000		
				——乙产品		56000		
04	30	记21	分配制造费用	生产成本——甲产品	30588		1	
				——乙产品	21412			
				制造费用		52000		
04	30	记22	结转完工产品成本	库存商品——甲产品	360588		1	
				——乙产品	535412			
				生产成本——甲产品		360588		
				——乙产品		535412		
04	30	记23	月末结转收入类账户发生额	主营业务收入——甲产品	200000		1	
				——乙产品	150000			
				本年利润		350000		
04	30	记24	月末结转费用类账户发生额	本年利润	301300		1	
				主营业务成本——甲产品		75000		
				——乙产品		56000		
				销售费用		70000		
				管理费用		98300		
				财务费用		2000		

| 2019年 | | 凭证 | 摘要 | 会计分录 | | | 附件 | 记账 |
月	日	号数		账户名称	借方金额	贷方金额	张数	标记
04	30	记25	计算所得税费用	所得税费用	12175		1	
				应交税费——应交所得税		12175		
04	30	记26	结转所得税费用	本年利润	12175		1	
				所得税费用		12175		

【要求】依据表 2-7-1 所示的记账凭证，采用全部汇总方式每半个月编制一次科目汇总表，如表 2-7-2 和表 2-7-3 所示。

表 2-7-2

科目汇总表

年　月　日至　日　　　　　　　　　　科汇字第　　号

会计科目	借方金额	贷方金额	账页（√）
合　　计			

会计主管：　　　　　记账：　　　　　审核：　　　　　制单：

表 2-7-3

科目汇总表

年　月　日至　日　　　　　　　　科汇字第　　号

会计科目	借方金额	贷方金额	账页（√）
合　计			

会计主管：　　　　记账：　　　　审核：　　　　制单：

任务二　分类汇总方式编制科目汇总表

【资料】2019年5月，滨海市昌盛有限公司的简易记账凭证表如表2-7-4所示。

表 2-7-4

简易记账凭证表

单位：元

2019年		凭证号数	摘要	会计分录			附件张数	记账标记
月	日			账户名称	借方金额	贷方金额		
05	01	付字01	提现备用	库存现金	5000		1	
				银行存款		5000		
05	02	付字02	支付电话费	管理费用——电话费	1000		1	
				库存现金		1000		
05	03	付字03	预借差旅费	其他应收款——张红	2000		1	
				库存现金		2000		
05	04	收字01	收回货款	银行存款	160000		2	
				应收账款——科里公司		160000		
05	05	收字02	销售甲产品	银行存款	226000		3	
				主营业务收入——甲产品		200000		
				应交税费——应交增值税（销项税额）		26000		
05	06	付字04	发放工资	应付职工薪酬——工资	280000		2	
				银行存款		280000		
05	08	付字05	采购材料	原材料——A材料	30000		3	
				——B材料	40000			
				应交税费——应交增值税（进项税额）	9100			
				银行存款		79100		
05	09	付字06	缴纳上月税金	应交税费——未交增值税	30000		4	
				——应交城市维护建设税	2100			
				——应交教育费附加	900			
				银行存款		33000		
05	11	付字07	归还短期借款	短期借款	120000		2	
				银行存款		120000		
05	12	付字08	归还借款利息	财务费用	2000		2	
				银行存款		2000		
05	13	收字03	收回差旅费余款	库存现金	400		1	
				其他应收款——张红		400		
05	13	转字01	报销差旅费	管理费用——差旅费	1600		1	
				其他应收款——张红		1600		

2019年		凭证号数	摘要	会计分录			附件张数	记账标记
月	日			账户名称	借方金额	贷方金额		
05	16	付字09	偿还欠款	应付账款——爱华公司	100000		1	
				银行存款		100000		
05	17	转字02	采购材料	在途物资——A材料	30000		3	
				——B材料	80000			
				应交税费——应交增值税（进项税额）	14300			
				应付票据		124300		
05	18	转字03	销售乙产品	应收账款——科里公司	237300		3	
				主营业务收入——乙产品		210000		
				应交税费——应交增值税（销项税额）		27300		
05	19	付字10	支付并分配水费	生产成本——甲产品	10000		3	
				——乙产品	15000			
				制造费用	2000			
				管理费用	5000			
				银行存款		32000		
05	20	转字04	材料入库	原材料——A材料	30000		2	
				——B材料	80000			
				在途物资——A材料		30000		
				——B材料		80000		
05	22	收字04	借入长期借款	银行存款	200000		1	
				长期借款		200000		
05	23	付字11	支付设备修理费	制造费用	2000		2	
				银行存款		2000		
05	24	付字12	支付广告费	销售费用	50000		2	
				银行存款		50000		
05	25	转字05	领用材料	生产成本——甲产品	150000		1	
				——乙产品	275000			
				原材料——A材料		225000		
				——B材料		200000		
05	25	转字06	分配工资	生产成本——甲产品	100000		1	
				——乙产品	120000			
				制造费用	20000			
				管理费用	70000			
				应付职工薪酬——工资		310000		
05	26	收字05	收回货款	银行存款	245700		1	
				应收账款——科里公司		245700		

2019年		凭证号数	摘要	会计分录			附件张数	记账标记
月	日			账户名称	借方金额	贷方金额		
05	27	付字13	购买办公用品	管理费用	600		1	
				库存现金		600		
05	28	转字07	计提固定资产折旧	制造费用	20000		1	
				管理费用	5000			
				累计折旧		25000		
05	29	收字06	收取违约金	银行存款	5000		2	
				营业外收入		5000		
05	31	转字08	结转销售产品成本	主营业务成本——甲产品	100000		1	
				——乙产品	120000			
				库存商品——甲产品		100000		
				——乙产品		120000		
05	31	转字09	分配制造费用	生产成本——甲产品	20000		1	
				——乙产品	24000			
				制造费用		44000		
05	31	转字10	结转完工产品成本	库存商品——甲产品	280000		1	
				——乙产品	434000			
				生产成本——甲产品		280000		
				——乙产品		434000		
05	31	转字11	月末结转收入类账户发生额	主营业务收入——甲产品	200000		1	
				——乙产品	210000			
				营业外收入	5000			
				本年利润		415000		
05	31	转字12	月末结转费用类账户发生额	本年利润	355200		1	
				主营业务成本——甲产品		100000		
				——乙产品		120000		
				销售费用		50000		
				管理费用		83200		
				财务费用		2000		
05	31	转字13	计算所得税费用	所得税费用	14950		1	
				应交税费——应交所得税		14950		
05	31	转字14	结转所得税费用	本年利润	14950		1	
				所得税费用		14950		

【要求】依据表2-7-4所示的简易记账凭证表，采用分类汇总方式每月汇总一次，科目汇总表如表2-7-5～表2-7-7所示。

表 2-7-5

收款凭证汇总表

年　月　日至　日　　　　　　　　收汇字第　　号

账户名称	借方金额	记账符号	贷方金额	记账符号
合　　计				

会计主管：　　　　记账：　　　　　审核：　　　　　制单：

表 2-7-6

付款凭证汇总表

年　月　日至　日　　　　　　　　付汇字第　　号

账户名称	借方金额	记账符号	贷方金额	记账符号
合　　计				

会计主管：　　　　记账：　　　　　审核：　　　　　制单：

表 2-7-7

转账凭证汇总表

年　月　日至　日　　　　　　　　　转汇字第　　号

账户名称	借方金额	记账符号	贷方金额	记账符号
合　计				

会计主管：　　　　记账：　　　　审核：　　　　制单：

任务三　全部汇总方式编制科目汇总表

【资料】2019 年 5 月，滨海市昌盛有限公司的简易记账凭证表如表 2-7-4 所示。

【要求】依据表 2-7-4 所示的简易记账凭证表，采用全部汇总方式每半月汇总一次科目汇总表，如表 2-7-8 和表 2-7-9 所示。

表 2-7-8

科目汇总表

年　月　日至　日　　　　　　　汇字第　　号

会计科目	借方金额	贷方金额	账页（√）
合　　计			

会计主管：　　　　记账：　　　　审核：　　　　制单：

表 2-7-9

科目汇总表

年　月　日至　日　　　　　　　汇字第　号

会计科目	借方金额	贷方金额	账页（√）
合　　计			

会计主管：　　　　记账：　　　　审核：　　　　制单：

实训八　银行存款余额调节表

实训目的

1. 理解未达账项的概念和内容；
2. 理解银行存款余额调节表的作用；
3. 掌握银行存款余额调节表的编制方法。

实训指导

一、未达账项

未达账项是指单位与开户银行之间因结算凭证传递时间的差别，发生的一方已经登记入账，而另一方尚未接到有关凭证没有登记入账的款项。

未达账项一般有四种情况：

第一，单位已收，银行未收款项。

第二，单位已付，银行未付款项。

第三，银行已收，单位未收款项。

第四，银行已付，单位未付款项。

二、银行存款余额调节表的作用

银行存款余额调节表可作为银行存款科目的附列资料保存。该表主要作用是用于核对企业账目与银行账目的差异，也用于检查企业账目与银行账目的差错。

银行存款余额调节表只能起到核对账目的作用，不得用于调整银行存款账面余额，不属于原始凭证。

三、银行存款余额调节表的编制方法

银行存款余额调节表的常用编制方法：以单位、银行双方调整前（银行存款日记账和银行对账单）的账面余额为基础，各自补记对方已入账而本方尚未入账的未达账项，计算出双方各自调整后的余额。

四、具体操作步骤

1. 核对上月。上月未达账项中本月已经入账的项目，不再作为本月未达账项记入银行存款余额调节表，上月未达账项中

温馨提示：如果上月没有未达账项，则直接核对本月银行存款日记账与银行对账单金额即可；如果上月有未达账项，则应先核对上月银行存款余额调节表中的未达账项本月是否入账。

本月仍未入账的项目，继续作为未达账项计入本月银行存款余额调节表。

2. 核对本月。将本月企业银行存款日记账和银行转来的对账单中的相同数额勾去，找出未达账项（注意，企业银行存款日记账借方对应银行对账单贷方）。

3. 调节未达账项。将找出的未达账项记入调节表，计算调节后余额。

实战演练

任务一　银行存款余额调节表（一）

【资料】滨海市昌盛有限公司于 2019 年 1 月银行存款日记账和银行转来的对账单部分内容如表 2-8-1 和表 2-8-2 所示。

表 2-8-1

银行存款日记账

2019年 月	日	凭证号数	结算方式 类别	号数	摘要	对方科目	借方	贷方	借或贷	余额
01	24	略	支票	00412	提现备用	略		800 00	借	500000 00
01	25		支票	00577	支付材料款			40000 00	借	460000 00
01	26		支票	00832	支付广告费			10000 00	借	450000 00
01	26		委收	8865	存入销货款		80000 00		借	530000 00
01	29		支票	00256	收到前欠货款		50000 00		借	580000 00
01	29		委收	3312	存入销货款		70000 00		借	650000 00
01	30		信汇	8933	偿还前欠货款			20000 00	借	630000 00

表 2-8-2

中国工商银行对账单

网点号：01245　　币种：人民币（本位币）　　单位：元　　　　2019 年 01 月　　页号：2
账号：3000001173269158　　户名：滨海市昌盛有限公司　　　　上页余额：500800.00

日期	交易类型	结算凭证 种类	号数	对方户名	摘要	借方发生额	贷方发生额	余额	记账信息
1-24	×××	支票	00412	（略）	提现备用	800		500000	×××
1-25	×××	支票	00577		支付材料款	40000		460000	×××
1-26	×××	支票	00832		支付广告费	10000		450000	×××
1-26	×××	委托收款	8865		存入销货款		80000	530000	×××
1-27	×××	委托付款	5565		支付电费	20000		510000	×××
1-29	×××	委托收款	3312		存入销货款		70000	580000	×××
1-30	×××	委托收款	2234		收到利息		6000	586000	×××

注：截止到 2019 年 01 月 31 日，账户余额（额度）586000.00，保留余额：0.00，冻结余额：0.00，透支余额：0.00，可用余额：586000.00。

【要求】根据上述银行存款日记账（见表 2-8-1）与银行对账单（见表 2-8-2）编制滨海市昌盛有限公司 2019 年 1 月的银行存款余额调节表，如表 2-8-3 所示。

表 2-8-3

银行存款余额调节表

单位名称：滨海市昌盛有限公司　　　　年　月　日　　　　　单位：元

项　目	金　额	项　目	金　额
银行日记账余额		银行对账单余额	
加：		加：	
减：		减：	
调节后余额		调节后余额	

任务二　银行存款余额调节表（二）

【资料】滨海市昌盛有限公司 2019 年 4 月份银行存款余额调节表、5 月份银行转来的中国工商银行对账单和银行存款日记账分别如表 2-8-4、表 2-8-5 和表 2-8-6 所示。

表 2-8-4

银行存款余额调节表

单位名称：滨海市昌盛有限公司　　　　2019 年 04 月 30 日　　　　　单位：元

项　目	金　额	项　目	金　额
银行日记账余额	510200	银行对账单余额	532000
加：银收企未收（支票 65487）	55000	加：企收银未收（委托收款凭证 0022）	40000
减：银付企未付（支票 01438）	10000	减：企付银未付（银行承兑汇票 4122）	16800
调节后余额	555200	调节后余额	555200

表 2-8-5

中国工商银行对账单

网点号：01245　　　币种：人民币（本位币）　　　单位：元　　　2019 年 05 月　　　页号：1
账号：3000001173269158　　　户名：滨海市昌盛有限公司　　　上页余额：532000.00

日期	交易类型	结算凭证		对方户名	摘　要	借方发生额	贷方发生额	余　额	记账信息
		种类	号数						
05-02	×××	支票	55021	（略）	提取现金	6000		526000	×××
05-04	×××	支票	00441		支付办公费	50000		476000	×××
05-15	×××	电子缴税单	0787		缴纳税款	9000		467000	×××
05-19	×××	委托收款	0022		收到货款		40000	507000	×××
05-21	×××	委托付款	0688		支付水电费	4000		503000	×××
05-26	×××	支票	00432		收到货款		117000	620000	×××
05-27	×××	信汇	7001		购买材料	6200		613800	×××
05-30	×××	银行汇票	2958		收到货款		90000	703800	×××

注：截止到 2019 年 05 月 31 日，账户余额（额度）：703800.00，保留余额：0.00，冻结余额：0.00，透支余额：0.00，可用余额：703800.00。

表 2-8-6

银行存款日记账

2019年		凭证号数	结算方式		摘　要	对方科目	借　　方										贷　　方										借或贷	余　　额									
月	日		类别	号数			千	百	十	万	千	百	十	元	角	分	千	百	十	万	千	百	十	元	角	分		千	百	十	万	千	百	十	元	角	分
05	01	略			期初余额	略																							5	1	0	2	0	0	0	0	0
05	04		支票	10032	支付货款														1	0	0	0	0	0	0				5	0	0	2	0	0	0	0	0
05	06		支票	04321	提取现金														1	3	0	0	0	0	0				4	8	7	2	0	0	0	0	0
05	07		支票	65487	收到货款				5	5	0	0	0	0	0	0													5	4	2	2	0	0	0	0	0
05	08		支票	01438	支付保险费														1	0	0	0	0	0	0				5	3	2	2	0	0	0	0	0
05	25		信汇	7001	购买材料															6	2	0	0	0	0				5	2	6	0	0	0	0	0	0
05	25		支票	00441	支付办公费															5	0	0	0	0	0				4	7	6	0	0	0	0	0	0
05	26		支票	00432	收到货款				1	1	7	0	0	0	0	0													5	9	3	0	0	0	0	0	0
05	26		委收	3567	收到货款				2	0	0	0	0	0	0	0													7	9	3	0	0	0	0	0	0
05	27		支票	00437	支付水费															6	0	0	0	0	0				7	8	7	0	0	0	0	0	0
05	30		银行汇票	2958	收到货款				9	0	0	0	0	0	0	0													8	7	7	0	0	0	0	0	0

【要求】根据上述银行存款余额调节表（见表 2-8-4）、中国工商银行对账单（见表 2-8-5）和银行存款日记账（见表 2-8-6）编制滨海市昌盛有限公司 2019 年 5 月份的银行存款余额调节表，如表 2-8-7 所示。

表 2-8-7

银行存款余额调节表

单位名称：滨海市昌盛有限公司　　　　　　年　　月　　日　　　　　　单位：元

项　目	金　额	项　目	金　额
银行日记账余额		银行对账单余额	
加：		加：	
减：		减：	
调节后余额		调节后余额	

实训九　财务报表

实训目的

通过训练，掌握财务报表的内容和编制方法，能根据一定时期或特定日期的本期发生额及余额规范地编制资产负债表和利润表。

实训指导

一、财务报表的基本内容

财务报表是会计要素确认、计量的结果和综合性描述。一套完整的财务报表至少应当包括"四表一注",即资产负债表、利润表、现金流量表、所有者权益(或股东权益)变动表及附注。

财务报表可以按照不同的标准进行分类。

1. 按财务报表编报期间不同,可分为中期财务报表和年度财务报表。中期财务报表是以短于一个完整会计年度的报告期间为基础编制的财务报表,包括月报、季报和半年报等。中期财务报表至少应当包括资产负债表、利润表、现金流量表和附注,其中,中期资产负债表、利润表和现金流量表应当是完整报表,其格式和内容应当与年度财务报表相一致。与年度财务报表相比,中期财务报表中的附注披露可适当简略。

2. 按财务报表编报主体不同,可分为个别财务报表和合并财务报表。

二、编制财务报表的基本要求

在编制财务报表时,应当根据真实的交易、事项及完整、准确的账簿记录等资料,按照国家统一的会计制度的规定进行,做到内容完整、数字真实、计算准确、编报及时。

1. 内容完整。

财务报表必须按照国家规定的报表种类和内容填报,不得漏填漏报。每份财务报表应填列的内容,无论是表内项目,还是报表附注资料,都应一一填列齐全。

2. 数字真实。

数字真实是指财务报表与报表编制企业的客观财务状况、经营成果和现金流量相吻合,因此,为了保证财务报表的真实性,财务报表中各项目数字必须以报告期的实际数字来填列,不能使用计划数、估计数代替实际数,更不允许弄虚作假、篡改伪造数字。

3. 计算准确。

在各财务报表中,都有一些需要进行专门计算才能加以填列的项目。对于需要计算填列的项目,必须根据《企业会计准则》中规定的计算口径、计算方法和计算公式进行计算,不得任意删减和增加。

4. 编报及时。

编报及时是指企业应按规定的时间编报财务报表,及时逐级汇总,以便报表使用者能够及时、有效地利用财务报表资料。为此,企业应科学地组织好会计的日常核算工作,选择适合本企业具体情况的账务处理程序,认真做好记账、算账和按期结账工作。

三、财务报表的编制方法

本书只对资产负债表和利润表的编制方法进行说明,对其他财务报表不予表述。

(一)资产负债表的编制方法

1. 资产负债表概述。

资产负债表是反映企业在某一特定日期的财务状况的财务报表。例如,公历每年12月31日的财务状况,反映的就是该日的情况。资产负债表主要提供有关企业财务状况方面的信息,即某一特定日期关于企业资产、负债、所有者权益及其相互关系。

2．资产负债表的格式（见表 2-9-1）。

表 2-9-1

资产负债表

会企 01 表

编制单位：　　　　　　　　　　　　　　　　年　月　日　　　　　　　　　　　　　单位：元

资　产	期末余额	年初余额	负债和所有者权益 （或股东权益）	期末余额	年初余额
流动资产：			流动负债：		
货币资金			短期借款		
交易性金融资产			交易性金融负债		
衍生金融资产			衍生金融负债		
应收票据			应付票据		
应收账款			应付账款		
预付款项			预收款项		
其他应收款			合同负债		
存货			应付职工薪酬		
合同资产			应交税费		
持有待售资产			其他应付款		
一年内到期的非流动资产			持有待售负债		
其他流动资产			一年内到期的非流动负债		
流动资产合计			其他流动负债		
非流动资产：			流动负债合计		
债权投资			非流动负债：		
其他债权投资			长期借款		
长期应收款			应付债券		
长期股权投资			其中：优先股		
其他权益工具投资			永续债		
其他非流动金融资产			长期应付款		
投资性房地产			预计负债		
固定资产			递延收益		
在建工程			递延所得税负债		
生产性生物资产			其他非流动负债		
油气资产			非流动负债合计		
无形资产			负债合计		
开发支出			所有者权益（或股东权益）：		
商誉			实收资本（或股本）		
长期待摊费用			其他权益工具		
递延所得税资产			其中：优先股		
其他非流动资产			永续债		
非流动资产合计			资本公积		
			减：库存股		
			其他综合收益		
			盈余公积		
			未分配利润		
			所有者权益（或股东权益）合计		
资产总计			负债和所有者权益（或股东权益）总计		

3．资产负债表的编制方法

（1）资产负债表"期末余额"栏的填列方法

本表"期末余额"栏一般应根据资产、负债及所有者权益类科目的期末余额填列。

① 根据总账科目的余额填列。如长期待摊费用、短期借款、应付票据、应付职工薪酬、应交税费、实收资本等项目，应根据有关总账科目的余额直接填列。

有些项目则需根据几个总账科目的余额分析计算填列：

a．"货币资金"项目金额＝"库存现金"账户期末余额＋"银行存款"账户期末余额＋"其他货币资金"账户期末余额；

b．"存货"项目金额＝"在途物资"账户期末余额（或"材料采购"账户期末余额）＋"原材料"账户期末余额＋"库存商品"账户期末余额＋"周转材料"账户期末余额＋"材料成本差异"账户期末借方余额（－贷方余额）＋"生产成本"账户期末余额等－"存货跌价准备"账户的期末余额；

c．"固定资产"项目金额＝"固定资产"账户期末余额－"累计折旧"账户期末余额－"固定资产减值准备"账户期末余额±"固定资产清理"账户期末余额；

d．"在建工程"项目金额＝（"在建工程"账户期末余额－"在建工程减值准备"账户期末余额）＋（"工程物资"账户期末余额－"工程物资减值准备"账户期末余额）；

e．"无形资产"项目金额＝"无形资产"账户期末余额－"累计摊销"账户期末余额－"无形资产减值准备"账户期末余额；

f．"其他应付款"项目金额＝"应付利息"期末余额＋"应付股利"期末余额＋"其他应付款"期末余额；

g．"未分配利润"项目金额＝"本年利润"期末贷方余额＋"利润分配"期末贷方余额（若余额出现在借方，则用负数表示）。

② 根据有关明细账科目的余额计算填列。

a．"应收账款"项目金额＝"应收账款"账户所属明细账户期末借方余额合计数＋"预收账款"账户所属明细账户期末借方余额合计数－"坏账准备"账户所属明细账户中有关应收账款计提的坏账准备期末余额；

b．"预付款项"项目金额＝"预付账款"账户所属明细账借方余额合计＋"应付账款"账户所属明细账借方余额合计；

c．"预收款项"项目金额＝"预收账款"账户所属明细账贷方余额合计＋"应收账款"账户所属明细账贷方余额合计；

d．"一年内到期的非流动资产"项目金额＝"债权投资"账户所属明细账户中一年内到期的债权投资＋"其他债权投资"账户所属明细账户中一年内到期的其他债权投资＋"长期应收款"账户所属明细账户中一年内到期的长期应收款等；

e．"一年内到期的非流动负债"项目金额＝"长期借款"账户所属明细账户中一年内到期的长期借款＋"应付债券"账户所属明细账户中一年内到期的应付债券＋"长期应付款"账户所属明细账户中一年内到期的长期应付款等。

③ 根据总分类账户和明细分类账户期末余额分析计算填列。

a."应收票据"项目金额＝"应收票据"账户期末余额－"坏账准备"账户所属明细账户中有关应收票据计提的坏账准备期末余额；

b."其他应收款"项目金额＝"应收利息"账户期末余额＋"应收股利"账户期末余额＋（"其他应收款"账户期末余额－"坏账准备"账户所属明细账户中有关其他应收款计提的坏账准备期末余额）；

c."长期应收款"项目金额＝"长期应收款"账户期末余额－"长期应收款"账户所属明细账户中一年内到期的长期应收款；

d."应付账款"项目金额＝"应付账款"账户所属明细账户期末贷方余额合计数＋"预付账款"账户所属明细账户期末贷方余额合计数；

e."长期借款"项目金额＝"长期借款"账户期末余额－"长期借款"账户所属明细账户中一年内到期的长期借款；

f."应付债券"项目金额＝"应付债券"账户期末余额－"应付债券"账户所属明细账户中一年内到期的应付债券；

g."长期应付款"项目金额＝"长期应付款"账户期末余额＋"专项应付款"账户期末余额－"未确认融资费用"账户所属明细账户相关的期末余额－"长期应付款"和"专项应付款"账户所属明细账户中一年内到期的长期应付款和专项应付款。

④ 根据表内的数字关系计算填列。如：流动资产合计、非流动资产合计、资产总计、流动负债合计、非流动负债合计、所有者权益（或股东权益）合计、负债和所有者权益（或股东权益）总计。

（2）资产负债表"年初余额"栏的填列方法

本表中的"年初余额"栏通常根据上年年末有关项目的期末余额填列，且与上年年末资产负债表"期末余额"栏相一致。企业应在首次执行新准则当年的"年初余额"栏及相关项目进行调整；以后期间，如果企业发生了会计政策变更、前期差错更正，应当对"年初余额"栏中的有关项目进行相应调整。此外，如果企业上年度资产负债表规定的项目名称和内容与本年度不一致，应当对上年年末资产负债表相关项目的名称和数字按照本年度的规定进行调整，填入"年初余额"栏。

（二）利润表的编制方法

1．利润表概述。

利润表是反映企业在一定会计期间的经营成果的财务报表。例如，反映某年1月1日至12月31日经营成果的利润表，反映的就是该期间的经营活动成果情况。

通过利润表，可以反映企业一定会计期间收入的实现情况，如实现的营业收入有多少、实现的投资收益有多少、实现的营业外收入有多少等；可以反映一定会计期间的费用耗费情况，如耗费的营业成本有多少、税金及附加有多少及销售费用、管理费用、财务费用各有多少、营业外支出有多少等；可以反映企业生产经营活动的成果，即净利润的实现情况，据以判断资本保值、增值等情况。

2．利润表格式（见表2-9-2）。

表 2-9-2

利 润 表

会企 02 表

编制单位：　　　　　　　　　　年　月　　　　　　　　　　单位：元

项　目	本期金额	上期金额
一、营业收入		
减：营业成本		
税金及附加		
销售费用		
管理费用		
研发费用		
财务费用		
其中：利息费用		
利息收入		
资产减值损失		
信用减值损失		
加：其他收益		
投资收益（损失以"–"号填列）		
其中：对联营企业和合营企业的投资收益		
净敞口套期收益（损失以"—"号填列）		
公允价值变动收益（损失以"–"号填列）		
资产处置收益（损失以"–"号填列）		
二、营业利润（亏损以"–"号填列）		
加：营业外收入		
减：营业外支出		
三、利润总额（亏损总额以"–"号填列）		
减：所得税费用		
四、净利润（净亏损以"–"号填列）		
（一）持续经营净利润（净亏损以"–"号填列）		
（二）终止经营净利润（净亏损以"–"号填列）		
五、其他综合收益的税后净额		
（一）不能重分类进损益的其他综合收益		
1．重新计量设定受益计划变动额		
2．权益法下不能转损益的其他综合收益		
3．其他权益工具投资公允价值变动		
4．企业自身信用风险公允价值变动		
……		
（二）将重分类进损益的其他综合收益		
1．权益法下可转损益的其他综合收益		
2．其他债权投资公允价值变动		
3．金融资产重分类计入其他综合收益的金额		
4．其他债权投资信用减值准备		
5．现金流量套期储备		
6．外币财务报表折算差额		
……		
六、综合收益总额		
七、每股收益：		
（一）基本每股收益		
（二）稀释每股收益		

3．利润表的编制方法。

本表中的栏目分为"本期金额"栏和"上期金额"栏。"本期金额"栏根据"营业收入""营业成本""税金及附加""销售费用""管理费用""财务费用""资产减值损失""公允价值变动收益""营业外收入""营业外支出""所得税费用"等损益类科目的发生额分析填列。其中，"营业利润""利润总额""净利润"项目根据本表中相关项目计算填列。

本表中的"上期金额"栏应根据上年该期利润表"本期金额"栏内所列数字填列。如果上年该期利润表规定的各个项目的名称和内容同本期不一致，应对上年该期利润表各项目的名称和数字按本期的规定进行调整，填入"上期金额"栏。

知识拓展

关于利润表中其他指标的说明

（1）关于"基本每股收益"和"稀释每股收益"指标

上述两个指标是向资本市场广大投资者反映上市公司（公众公司）每一股普通股所创造的收益水平。对资本市场广大投资者（股民）而言，是反映投资价值的重要指标，是投资决策最直观、最重要的参考依据，是广大投资者关注的重点。鉴于此，将这两项指标作为利润表的表内项目列示，同时要求在附注中详细披露计算过程，以供投资者投资决策参考。这两项指标应当按照《企业会计准则第34号——每股收益》的规定计算填列。

（2）综合收益，是指企业在某一期间与所有者之外的其他方面进行交易或发生其他事项所引起的净资产变动。综合收益的构成包括两部分：净利润和其他综合收益。其中，前者是企业已实现并已确认的收益，后者是企业未实现但根据会计准则的规定已确认的收益。利润表中的"其他综合收益"反映企业根据企业会计准则规定未在损益中确认的各项利得和损失扣除所得税影响后的净额，主要包括可供出售金融资产产生的利得（或损失）、按照权益法核算的在被投资单位其他综合收益中所享有的份额、现金流套期工具产生的利得（或损失）、外币财务报表折算差额等；"综合收益总额"项目反映企业净利润与其他综合收益的合计金额。

同时，企业还应当在附注中详细披露其他综合收益各项目及其所得税影响，以及原计入其他综合收益、当期转入损益的金额等信息。

实战演练

任务一　编制资产负债表

【资料】滨海市昌盛有限公司 2019 年 5 月 31 日各总账账户的余额和有关的明细账余额如表 2-9-3 所示。

表 2-9-3

滨海市昌盛有限公司 2019 年 5 月期末余额表

单位：元

科目名称	借方	贷方	科目名称	借方	贷方
库存现金	800		短期借款		100000
银行存款	170000		应付票据		50000
其他货币资金	129200		应付账款		80000
应收票据	22700		其中：A 公司		90000
应收账款	47300		B 公司		18000
其中：甲公司	50300		C 公司	28000	
乙公司		15500	预收账款		60000
丙公司	12500		其中：D 公司		75000
预付账款	80000		E 公司	15000	
其中：丁公司	100000		应交税费		16000
戊公司		20000	应付股利		34000
坏账准备		1000	其他应付款		4700
原材料	40000		长期借款		90000
材料成本差异		1600	其中：一年内到期的长期借款		30000
生产成本	50650		应付债券		200000
库存商品	105350		其中：一年内到期的应付债券		100000
委托加工物资	8000		实收资本		500000
周转材料	12000		资本公积		28000
存货跌价准备		7400	盈余公积		62000
固定资产	500000		本年利润		120000
累计折旧		100000	利润分配	79700	
固定资产减值准备		21000			
在建工程	85000				
工程物资	15000				
无形资产	130000				
合　计	1396000	131000	合　计	79700	1344700

【要求】根据表 2-9-3 所示的资料编制资产负债表（由学生自己准备财务报表表格）。

任务二　编制利润表

【资料】滨海市昌盛有限公司 2019 年 5 月份各损益类账户的发生额如表 2-9-4 所示。

表 2-9-4

滨海市昌盛有限公司 2019 年 5 月份损益类账户发生额表

单位：元

账户名称	借方发生额	贷方发生额
主营业务收入		14860000
其他业务收入		200000
投资收益	60000	
营业外收入		530000
主营业务成本	9400000	
其他业务成本	600000	
税金及附加	200000	
销售费用	300000	
管理费用	150000	
财务费用	80000	
资产减值损失	20000	
营业外支出	280000	

【要求】根据表 2-9-4 所示的资料编制利润表（由学生自己准备财务报表表格）。

模块三

会计各岗位模拟实训

实训一　出　纳　岗　位

实训目的

1. 填制涉及货币资金结算业务的票据或结算凭证等；
2. 登记现金日记账、银行存款日记账，做到日清日结，月末结账；
3. 进行银企对账，编制银行存款余额调节表。

实训指导

一、出纳概述

出纳是按照有关规定和制度，办理本单位的现金收付、银行结算及有关账务，保管库存现金、有价证券、财务印章及有关票据等工作的总称。从广义上讲，只要是票据、货币资金和有价证券的收付、保管、核算，就都属于出纳。它既包括各单位会计部门专设出纳机构的各项票据、货币资金、有价证券收付业务处理，票据、货币资金、有价证券的整理和保管，货币资金和有价证券的核算等各项工作，也包括各单位业务部门的货币资金收付、保管等方面的工作。狭义的出纳则仅指各单位会计部门专设出纳岗位或人员的各项工作。本书仅指狭义出纳。

出纳岗位，具体地讲就是核算和管理货币资金、票据、有价证券的一项会计工作岗位。

二、出纳人员职责

出纳是会计工作的重要环节，涉及现金收付、银行结算等活动，而这些活动又直接关系到职工个人、单位乃至国家的经济利益，如果工作出了差错，就会造成不可挽回的损失。因此，明确出纳员的职责和权限，是做好出纳工作的起码条件。根据《会计法》《会计基础工作规范》等财会法规，出纳员具有以下职责。

1. 按照国家有关现金管理和银行结算制度的规定，办理现金收付和银行结算业务。出纳员应严格遵守现金开支范围，非现金结算范围不得用现金收付；遵守库存现金限额，超限额的现金按规定及时送存银行；现金管理要做到日清月结，账面余额与库存现金每日下班前应核对，发现问题，及时查对；银行存款日记账与银行对账单也要及时核对，如有不符，应立即通知银行调整。

2. 根据会计制度的规定，在办理现金和银行存款收付业务时，要严格审核有关原始凭证，再据以编制收付款凭证，然后根据编制的收付款凭证逐笔顺序登记现金日记账和银行存款日记账，并结出余额。

3．按照国家外汇管理和结汇、购汇制度的规定及有关批件，办理外汇出纳业务。外汇出纳业务是政策性很强的工作，随着改革开放的深入发展，国际间经济交往日益频繁，外汇出纳也越来越重要。出纳员应熟悉国家外汇管理制度，及时办理结汇、购汇、付汇，避免国家外汇损失。

4．掌握银行存款余额，不准签发空头支票，不准出租出借银行账户为其他单位办理结算。这是出纳员必须遵守的一条纪律，也是防止经济犯罪、维护经济秩序的重要方面。出纳员应严格按规定使用和管理支票和银行账户，从出纳这个岗位上堵塞结算漏洞。

5．保管库存现金和各种有价证券（如国库券、债券、股票等）的安全与完整。要建立适合本单位情况的现金和有价证券保管责任制，如发生短缺，属于出纳员责任的要进行赔偿。

6．保管有关印章、空白收据和空白支票。印章、空白票据的安全保管十分重要，在实际工作中，因丢失印章和空白票据给单位带来经济损失的不乏其例。对此，出纳员必须高度重视，建立严格的管理办法。通常，单位财务公章和出纳员名章要实行分管，交由出纳员保管的出纳印章要严格按规定用途使用，各种票据要办理领用和注销手续。

三、出纳人员权限

根据《中华人民共和国会计法》《会计基础工作规范》等财会法规，出纳员具有以下权限。

1．维护财经纪律，执行财会制度，抵制不合法的收支和弄虚作假行为。《中华人民共和国会计法》是中国会计工作的根本大法，是会计人员必须遵循的重要法律。《会计法》第三章第十六条、第十七条、第十八条、第十九条中对会计人员如何维护财经纪律提出具体规定。这些规定，为出纳员实行会计监督、维护财经纪律提供了法律保障。出纳员应认真学习、领会、贯彻这些法规，充分发挥出纳工作的"关卡""前哨"作用，为维护财经纪律、抵制不正之风做出贡献。

2．参与货币资金计划定额管理的权力。现金管理制度和银行结算制度是出纳员开展工作必须遵照执行的法规。这些法规，实际上是赋予了出纳员对货币资金管理的职权。例如，为加强现金管理，要求各单位的库存现金必须限制在一定的范围内，多余的要按规定送存银行，这便为银行部门利用社会资金进行有计划放款提供了资金基础。因此，出纳工作不是简单的货币资金的收付，也不是无足轻重的点钞票，其工作的意义只有和许多方面的工作联系起来才能体会到。

3．管好用好货币资金的权力。出纳员每天都和货币资金打交道，单位的一切货币资金往来都与出纳工作紧密相联，货币资金的来龙去脉，周转速度的快慢，出纳员都清清楚楚。因此，提出合理安排利用资金的意见和建议，及时提供货币资金使用与周转信息，也是出纳员义不容辞的责任。出纳员应抛弃被动工作观念，树立主动参与意识，把出纳工作放到整个会计工作、经济管理工作的大范围内，这样，既能增强出纳工作的职业光荣感，又能为出纳工作开辟新的视野。

四、出纳岗位人员配备

一般来讲，实行独立核算的企业单位，有经常性现金收入和支出业务的企业单位都应配备专职或兼职出纳员，担任本单位的出纳工作。出纳员配备的多少，主要决定于本单位出纳业务量的大小和繁简程度，要以业务需要为原则，既要满足出纳工作量的需要，又要避免徒具形式、人浮于事的现象。一般可采用一人一岗、一人多岗、一岗多人等几种形式。

1．一人一岗：规模不大的单位，出纳工作量不大，可设专职出纳员一名。

2．一人多岗：规模较小的单位，出纳工作量较小，可设兼职出纳员一名。如无条件单独设置会计机构的单位，至少要在有关机构中（如单位的办公室、后勤部门等）配备兼职出纳员一名。但兼职出纳不得兼管收入、费用、债权、债务账目的登记工作及稽核工作和会计档案保管工作。

3．一岗多人：规模较大的单位，出纳工作量较大，可设多名出纳员，如分设管理收付的出纳员和管账的出纳员，或分设现金出纳员和银行结算出纳员等。

实战演练

任务　出纳岗位操作

一、填写支票

【资料】本任务涉及的原始凭证及有关资料和要求如表 3-1-1～表 3-1-3 所示。

表 3-1-1

1-1/4

滨海增值税专用发票
发票联

370111567678　　　　　　　　　　　№ 06215782

机器编号：300042158958　　　　　　开票日期：2019 年 04 月 06 日

购买方	名　称：滨海市昌盛有限公司 纳税人识别号：913711120140106369 地址、电话：滨海市阳城区华阳路 369 号　88998899 开户行及账号：中国工商银行滨海支行华阳营业部　3000001173269158	密码区	略

货物或应税劳务名称	规格型号	单位	数量	金额	税率	税额
*金属制品*A 材料	10×20	kg	5000	40000.00	13%	5200.00
合计				¥40000.00		¥5200.00

价税合计（大写）⊗肆万伍仟贰佰元整　　　　　（小写）¥45200.00

销售方	名　称：滨海光明实业公司 纳税人识别号：486001253679230735 地址、电话：滨海市柳城区城南路 8 号　34567892 开户行及账号：中国工商银行滨海城南支行　010567002008001	备注	

收款人：　　　　复核：　　　　开票人：　　　　销售方：（章）

表 3-1-2

1-2/4

滨海增值税专用发票
抵扣联

370111567678　　　　　　　　　　　№ 06215782

机器编号：300042158958　　　　　　开票日期：2019 年 04 月 06 日

购买方	名　称：滨海市昌盛有限公司 纳税人识别号：913711120140106369 地址、电话：滨海市阳城区华阳路 369 号　88998899 开户行及账号：中国工商银行滨海支行华阳营业部　3000001173269158	密码区	略

货物或应税劳务名称	规格型号	单位	数量	金额	税率	税额
*金属制品*A 材料	10×20	kg	5000	40000.00	13%	5200.00
合计				¥40000.00		¥5200.00

价税合计（大写）⊗肆万伍仟贰佰元整　　　　　（小写）¥45200.00

销售方	名　称：滨海光明实业公司 纳税人识别号：486001253679230735 地址、电话：滨海市柳城区城南路 8 号　34567892 开户行及账号：中国工商银行滨海城南支行　010567002008001	备注	

收款人：　　　　复核：　　　　开票人：　　　　销售方：（章）

表 3-1-3

滨海市昌盛有限公司收料单

供应单位：**滨海光明实业公司**   *2019 年 04 月 06 日*   收料单编号：×××
材料类别：×××   收料仓库：×××

编号	名称	规格	单位	数量		实际成本					备注	
				应收	实收	买价		运杂费	其他	合计		
						单价	金额					
	A 材料		*kg*	*5000*	*5000*	*8.00*	*40000.00*			*40000.00*		
合　计										*¥40000.00*		

主管：×××   采购员：×××   检验员：×××   记账员：×××   保管员：×××

注：除购买 A 材料的价税款外，无其他支付款项。

【要求】请根据以上增值税专用发票，正确填写转账支票，如表 3-1-4 所示，用于支付购买 A 材料的价税款。单位银行预留印鉴：财务专用章用"○"表示，个人名章用"□"表示。

表 3-1-4   1-4/4

中国工商银行 转账支票存根（滨） XVI00003100 附加信息_____ _____ _____ 出票日期　年　月　日 收款人： 金额： 用途： 单位主管　会计	本支票付款期十天	中国工商银行转账支票（滨）　XVI00003100 出票日期（大写）　年　月　日　　付款行名称：滨海支行华阳营业部 收款人：　　　　　　　　　　　出票人账号：3000001173269158 人民币（大写）　　　　　　　　千百十万千百十元角分 用途：_____ 上列款项请从 我账户内支付 出票人签章　　　　复核　　　　记账

二、登记现金日记账

【资料】（1）现金日记账的期初余额为 3618.25 元；

（2）2019 年 4 月份发生的部分现金收支业务编制、审核的记账凭证如表 3-1-5～表 3-1-9 所示。

表 3-1-5

记 账 凭 证

2019 年 04 月 01 日   记字第 *5* 号

摘要	总账科目	明细科目	√	借方金额	√	贷方金额	附单据
				千百十万千百十元角分		千百十万千百十元角分	
张三报销差旅费	*管理费用*	*差旅费*		*1 2 3 6 0 0*			*6 张*
	库存现金					*1 2 3 6 0 0*	
合　计				*¥1 2 3 6 0 0*		*¥1 2 3 6 0 0*	

财务主管：×××   审核：×××   出纳：×××   记账：×××   制单：×××

表 3-1-6

记 账 凭 证

2019 年 04 月 15 日　　　　　　　记字第 38 号

摘　要	总账科目	明细科目	√	借方金额										√	贷方金额									
				千	百	十	万	千	百	十	元	角	分		千	百	十	万	千	百	十	元	角	分
收到甲公司合同保证金	库存现金							2	0	0	0	0												
	其他应付款	甲公司																	2	0	0	0	0	
合　计								￥	2	0	0	0	0					￥	2	0	0	0	0	

附单据 1 张

财务主管：×××　　审核：×××　　出纳：×××　　记账：×××　　制单：×××

表 3-1-7

记 账 凭 证

2019 年 04 月 20 日　　　　　　　记字第 76 号

摘　要	总账科目	明细科目	√	借方金额										√	贷方金额									
				千	百	十	万	千	百	十	元	角	分		千	百	十	万	千	百	十	元	角	分
从银行提取现金	库存现金						3	0	0	0	0	0	0											
	银行存款																	3	0	0	0	0	0	0
合　计							￥	3	0	0	0	0	0				￥	3	0	0	0	0	0	

附单据 1 张

财务主管：×××　　审核：×××　　出纳：×××　　记账：×××　　制单：×××

表 3-1-8

记 账 凭 证

2019 年 04 月 20 日　　　　　　　记字第 78 号

摘　要	总账科目	明细科目	√	借方金额										√	贷方金额									
				千	百	十	万	千	百	十	元	角	分		千	百	十	万	千	百	十	元	角	分
发放3月份加班费	应付职工薪酬						3	2	0	0	0	0	0											
	库存现金																	3	2	0	0	0	0	0
合　计							￥	3	2	0	0	0	0				￥	3	2	0	0	0	0	

附单据 1 张

财务主管：×××　　审核：×××　　出纳：×××　　记账：×××　　制单：×××

表 3-1-9

记 账 凭 证

2019 年 04 月 30 日　　　　　　　　记字第 105 号

摘　　要	总账科目	明细科目	✓	借方金额	✓	贷方金额	
				千百十万千百十元角分		千百十万千百十元角分	
收到出售材料零星收入	库存现金			2 0 9 0 5			附单据 1 张
	其他业务收入					1 8 5 0 0	
	应交税费	应交增值税（销项税额）				2 4 0 5	
合　　计				￥2 0 9 0 5		￥2 0 9 0 5	

财务主管：×××　　审核：×××　　　出纳：×××　　　记账：×××　　　制单：×××

【要求】根据上述资料登记现金日记账，如表 3-1-10 所示。

表 3-1-10

现金日记账

第 10 页

2019年		凭证号数	摘　　要	对方科目	借　　方	贷　　方	借或贷	余　　额
月	日				千百十万千百十元角分	千百十万千百十元角分		千百十万千百十元角分

三、银企对账，编制银行存款余额调节表

【资料】（1）滨海市昌盛有限公司 2019 年 7 月银行存款日记账如表 3-1-11 所示。

表 3-1-11

银行存款日记账

2019年 月	日	凭证号数	结算方式 类别	号数	摘要	对方科目	借方	贷方	借或贷	余额
07	01				期初结存				借	250000 00
07	02	15	转支	30026	接受投资		25000 00		借	275000 00
07	03	18	电汇	A23015	偿还欠款			20000 00	借	255000 00
07	04	20	交款单	00356	现金存入		1000 00		借	256000 00
07	11	56	现支	80125	提现金备发工资			18000 00	借	238000 00
07	15	70	转支	30027	支付广告费			1000 00	借	237000 00
07	16	75	委收	40981	收回欠款		50000 00		借	287000 00
07	19	89	转支	30056	支付购材料款			40000 00	借	247000 00
07	25	109	转支	30057	支付保险费			10000 00	借	237000 00
07	31	120	转支	30060	支付水电费			1800 00	借	235200 00
07	31	128	交款单	00092	上缴税金			3000 00	借	232200 00
07	31				本月合计		76000 00	93800 00	借	232200 00

（2）滨海市昌盛有限公司 2019 年 7 月开户中国工商银行客户存款对账单如表 3-1-12 所示。

表 3-1-12

中国工商银行客户存款对账单

网点号：01245　　币种：人民币（本位币）　　单位：元　　2019 年 07 月　　页号：1
账号：3000001173269158　　户名：滨海市昌盛有限公司　　上页余额：250000.00

日期	交易类型	结算凭证 种类	号数	对方户名	摘要	借方发生额	贷方发生额	余额	记账信息
07-02	×××	转支	30026	×××	接受投资		25000.00	275000.00	×××
07-03	×××	电汇	A23015	×××	偿还欠款	20000.00		255000.00	×××
07-04	×××	交款单	00356	×××	现金存入		1000.00	256000.00	×××
07-11	×××	现支	80125	×××	提现金备发工资	18000.00		238000.00	×××
07-15	×××	转支	30027	×××	支付广告费	1000.00		237000.00	×××
07-16	×××	委收	40981	×××	收回欠款		50000.00	287000.00	×××
07-19	×××	转支	30056	×××	支付购材料款	40000.00		247000.00	×××
07-25	×××	转支	30057	×××	支付保险费	10000.00		237000.00	×××
07-31	×××	交款书	00092	×××	上缴税金	3000.00		234000.00	×××
07-31	×××	委收	C26028	×××	支付通信费	2000.00		232000.00	×××
07-31	×××	委收	C67015	×××	收回货款		41800.00	273800.00	×××

注：截止到 2019 年 07 月 31 日，账户余额（额度）：273 800.00，保留余额：0.00，冻结余额：0.00，透支余额：0.00，可用余额：273 800.00。

【要求】编制银行存款余额调节表,如表 3-1-13 所示。

表 3-1-13
银行存款余额调节表

单位名称:滨海市昌盛有限公司　　　2019 年 07 月 31 日　　　单位:元

项　目	金　额	项　目	金　额
企业银行存款日记账的余额		银行对账单的余额	
加:银行已收企业未收款项		加:企业已收银行未收款项	
减:银行已付企业未付款项		减:企业已付银行未付款项	
调节后的存款余额		调节后的存款余额	

会计主管:×××　　　　　　　　　　　　制表:×××

实训二　会计岗位

实训目的

1. 取得、填制和审核原始凭证;
2. 根据审核的原始凭证编制记账凭证或编制会计分录;
3. 登记有关账簿并结账。

实训指导

一、会计工作岗位概述

会计工作岗位是指一个单位的会计机构内部根据分工而设置的职能岗位。

会计工作包括出纳岗位、会计岗位和会计主管岗位三个基本岗位。

出纳岗位就是核算和管理货币资金、票据、有价证券的一项会计工作岗位。

会计岗位就是在会计机构内部除出纳岗位和会计主管岗位以外的其他岗位,包括财产物资核算,工资核算,成本费用核算,财务成果核算,资金核算,收入、支出、债权债务核算,总账核算等岗位。

会计主管岗位一般指一个单位负责会计工作或一岗多人下负责一个岗位会计工作的岗位,包括总会计师(或行使总会计师职权)岗位,会计机构负责人或者会计主管人员岗位,总账核算岗位,对外财务会计报告编制岗位等。

对于会计档案管理岗位,在会计档案正式移交之前属于会计岗位,会计档案正式移交之后不再属于会计岗位。

档案管理部门管理会计档案的人员、收银员、单位内部审计、社会审计、政府审计工作不属于会计工作岗位。

二、会计工作岗位设置的基本原则

1. 根据会计业务需要设置会计工作岗位应与本单位业务活动的规模、特点和管理要求相适应，因此，会计工作岗位可以一人一岗、一人多岗、一岗多人。

2. 会计岗位设置应符合内部牵制制度的要求。

内部牵制制度（钱账分管制度）是指凡是涉及款项和财务收付、结算及登记的任何一项工作，都必须由两人或两人以上分工办理，以起到相互制约作用的一种工作制度，是内部控制制度的重要组成部分。其中要求：出纳不得兼管稽核，会计档案保管，收入、费用、债权债务账目的登记工作（而不是所用记账工作）。出纳以外的人员不得经管现金、有价证券、票据。

3. 对会计人员的工作岗位要有计划地进行轮岗，这样有利于会计人员全面熟悉业务，不断提高业务素质。

4. 要建立岗位责任制。

三、会计岗位轮换

长期以来，会计人员在一个岗位上一干就是几年、十几年，甚至几十年，或者会计人员兼业务岗位，或者在岗人员之间有着直接或间接的亲属关系，或者一人从事多个不相容的会计岗位的情况，以致部门会计工作产生如下负面影响：第一，会计人员对财务工作产生不满和倦怠情绪。第二，会计业务水平跟不上，会计工作青黄不接，财务管理深受其苦。第三，各地出现的经济案件，大多直接或间接地与会计人员脱不了干系。

为了克服上述负面影响，单位会计工作实行会计委派制，会计人员实行专业化集中管理是大势所趋，而会计工作岗位的轮换就是会计委派制的一个延伸，它可以是在同一单位让会计人员轮换担任若干种不同会计工作，也可以是会计人员在各单位之间定期进行岗位交换。在现代企业中，这一方法已被广泛应用到更大的范围，成为人力资源管理系统中一项重要的制度。

实战演练

任务　会计岗位操作

一、填制记账凭证或做出会计分录

【资料】滨海市昌盛有限公司 2019 年 4 月份发生的经济业务的相关原始凭证如表 3-2-1~表 3-2-20 所示。

【业务 1】4 月 1 日，向开户银行借款，如表 3-2-1 所示。

表 3-2-1

中国工商银行资金贷款凭证

2019 年 04 月 01 日

收款单位	滨海市昌盛有限公司		贷款申请书编号	51081				存款账号			3000001173269158					
贷款金额	（大写）壹佰万元整			千	百	十	万	千	百	十	元	角	分	还款日期	2019 年 06 月 30 日
			￥	1	0	0	0	0	0	0	0	0		
银行核定金额	（大写）壹佰万元整														
上述借款业已同意贷给并转入你单位账户，利率为6%，借款到期限应一次性归还本金和利息。 　　　中国工商银行滨海支行华阳营业部 贷款单位（章）（盖预留印鉴）负责人（章）															

（印章）中国工商银行滨海支行华阳营业部 2019.04.01 转讫

【业务2】4 月 2 日，签发一张转账支票预付货款，如表 3-2-2 所示。

表 3-2-2

中国工商银行

转账支票存根（滨）

X Ⅱ 325589435

附加信息 ＿＿＿＿＿＿＿＿

＿＿＿＿＿＿＿＿＿＿＿＿

＿＿＿＿＿＿＿＿＿＿＿＿

日期 2019 年 04 月 02 日

收款人：滨海华风公司
金　额：￥10000.00
用　途：预付货款

单位主管：李盛利　会计：刘惠

【业务3】4 月 2 日，采购员刘智出差借款，如表 3-2-3 所示。

表 3-2-3

借　款　单

2019 年 04 月 02 日

借款单位：刘智		
借款理由：出差借款		
借款数额：人民币（大写）伍仟元整　　　￥5000.00		
本部门负责人意见：同意		借款人：刘智
会计主管核批：李盛利	付款方式：现金	出纳：陈玮

（印章）现金付讫

【业务4】4月5日，滨海市昌盛有限公司销售给滨海远东公司甲产品40件，并以现金为对方代垫运费，如表3-2-4和表3-2-5所示。

表3-2-4

滨海增值税专用发票

370111567543   № 03568902

此联不作报销、抵扣凭证使用

机器编号：300042158954   开票日期：2019 年 04 月 05 日

购买方	名称：滨海远东公司 纳税人识别号：911100000031216584 地址、电话：辽宁路28号 83456792 开户行及账号：中国农业银行前海路支行 338976573	密码区	（略）

货物或应税劳务名称	规格型号	单位	数量	单价	金额	税率	税额
*金属制品*甲产品	JS20	件	40	4000	160000.00	13%	20800.00
合　　　计					¥160000.00		¥20800.00

价税合计（大写）⊗壹拾捌万零捌佰元整	（小写）¥180800.00

销售方	名称：滨海市昌盛有限公司 纳税人识别号：913711120140106369 地址、电话：滨海市阳城区华阳路369号 88998899 开户行及账号：中国工商银行滨海支行华阳营业部 3000001173269158	备注	

收款人：　　　　复核：　　　　开票人：　　　　销售方：（章）

第一联：记账联 销售方记账凭证

表3-2-5

代垫运费审批单

2019 年 04 月 05 日   № 0673211

发往单位：滨海远东公司	托运单位：快风快运公司
货物种类：甲产品	数量：40 件
运费金额：人民币（大写）捌佰元整 ¥800.00	
备注：正式运费单据交购货方	

批准人：刘惠

【业务5】 4月6日，滨海市昌盛有限公司收到滨海远东公司交来的商业承兑汇票一张，偿还所欠货款，如表3-2-6所示。

表 3-2-6

商 业 承 兑 汇 票

汇票号码 SC2458

签发日期 2019 年 04 月 06 日

收款人	全 称	滨海市昌盛有限公司	付款人	全 称	滨海远东公司
	账 号	3000001173269158		账 号	338976573
	开户银行	中国工商银行滨海华阳营业部　行号		开户银行	中国农业银行前海路支行　行号

汇票金额	人民币(大写)壹拾捌万壹仟陆佰元整	千 百 十 万 千 百 十 元 角 分
		¥ 1 8 1 6 0 0 0 0

汇票到期日	2019 年 07 月 16 日	交易合同号码	

本汇票已经本单位承兑,到期日无条件支付票款。 收款人 付款人盖章 负责 经办 年 月 日	汇票签发人盖章 负责 经办

【业务6】 4月7日，滨海市昌盛有限公司签发现金支票，从银行提取现金，备发工资如表3-2-7所示。

表 3-2-7

中国工商银行
现金支票存根（滨）
ⅩⅡ325589565

附加信息 ＿＿＿＿＿＿＿

＿＿＿＿＿＿＿＿＿

日期 2019 年 04 月 07 日

收款人：滨海市昌盛有限公司
金 额：¥86200.00
用 途：提取现金，备发工资
单位主管：李盛利 会计：刘惠

【业务 7】4 月 10 日，采购员刘智报销差旅费，如表 3-2-8～表 3-2-11 所示。

表 3-2-8

差 旅 费 报 销 单

单位：滨海市昌盛有限公司　　　　　2019 年 04 月 10 日

姓　名			刘　智		出差事由		购　料				
起止日期	出发地	到达地	市内交通补助		伙食补贴		车/船/机票		住宿费	合计金额	
			天数	金额	天数	金额	张数	金额	(7天)	
4月3日—4月9日	滨海	北京	7	140.00	7	350.00	1	600.00	3500.00	4590.00
	北京	滨海					1	600.00		600.00
合　计			7	140.00	7	350.00	2	1200.00	3500.00	5190.00

报销金额合计人民币（大写）：伍仟壹佰玖拾元整　　　　　¥5190.00

预借金额：¥5000.00　　　　　　　　结余或超支：¥190.00

附单据 3 张

单位负责人：张胜昌　　会计主管：　　　会计：　　　出纳员：陈玮　　　出差人：刘智

表 3-2-9　火车票

176A039323 G602 次　滨海 🀄 滨海 ➜ 北京 Bin Hai　Bei Jing 2019 年 04 月 03 日 6:37　15 车第 059 号 ¥600.00 元 限乘当日当次车　二楼 A3A4 候车 刘智 3703031978****2356	176A05875961 G603 次　北京 🀄 北京 ➜ 滨海 Bei Jing　Bin Hai 2019 年 04 月 09 日 19:00　23 车第 083 号 ¥600.00 元 限乘当日当次车　一楼 A2A3 候车 刘智 3703031978****2356

表 3-2-10

北京通用机打发票
发 票 联

发票代码 1002000000321

发票号码 50673069

开票日期：2019-04-09　　　行业分类：住宿业

付款方名称：滨海市昌盛有限公司			付款方识别号：913711120140106369		
付款方地址：滨海市阳城区华阳路 369 号			付款方电话：88998899		
开票项目	规格/型号	单位	数量	单价	金额
*住宿服务*住宿费		天	7	500.00	3500.00

备注：

总计金额：¥3500.00　　　　　　　　金额大写：叁仟伍佰元整

收款方名称：北京市朝阳迈克商务宾馆　　　收款方识别号：912301567890157326

收款方地址：北京市环合街北路 762 号　　　收款方电话：77229966

查验码：01009987140122060168871326　　　开票人：张硕

开具金额合计限壹万元（含），万元以上无效

南港公司 2019 年 1 月印 1000000 份

第一联 发票联（购买方付款凭证）（手开无效）

表 3-2-11

支 款 收 据

2019 年 01 月 10 日

今支付	刘智
事 由	出差补足差额
现 金	人民币(大写) 壹佰玖拾元整 ¥190.00
支款人 陈玮	收款人 刘智
备注：	

现金付讫

单位盖章：

【业务 8】4 月 11 日，滨海市昌盛有限公司从滨海华风有限公司购入 A 材料，同时开出转账支票一张支付余款，如表 3-2-12～表 3-2-14 所示。

表 3-2-12

370111567549　　　滨海增值税专用发票　　　№ 06965873

发票联

机器编号：300042158954　　　　　　　　开票日期：2019 年 04 月 11 日

购买方	名　　称：滨海市昌盛有限公司 纳税人识别号：913711120140106369 地址、电话：滨海市阳城区华阳路 369 号 88998899 开户行及账号：中国工商银行滨海支行华阳营业部 3000001173269158	密码区	（略）

货物或应税劳务名称	规格型号	单位	数量	单价	金额	税率	税额
*金属制品*A 材料	10×20	箱	120	500	60000.00	13%	7800.00
合　　计					¥60000.00		¥7800.00

价税合计（大写） 陆万柒仟捌佰元整	（小写）¥67800.00

销售方	名　　称：滨海市华风有限公司 纳税人识别号：913712120140206258 地址、电话：滨海市顺安路 159 号　68790897 开户行及账号：中国建设银行顺安分行　63556235	备注	

收款人：　　　　复核：　　　　开票人：　　　　销售方：（章）

第三联：发票联 购买方记账凭证

表 3-2-13

滨海市昌盛有限公司收料单

供应单位：滨海市华风有限公司　　　2019 年 04 月 11 日　　　收料单编号：07890012

材料类别：原材料　　　　　　　　　　　　　　　　　　　收料仓库：材料库

编号	名称	规格	单位	数量		实际成本				备注
				应收	实收	买价		运杂费	其他	合计	
						单价	金额				
	A 材料		箱	120	120					60000.00	
合　　计										¥60000.00	

此联 记账联

表 3-2-14

中国工商银行
转账支票存根（滨）
XⅡ325589436

附加信息 _____

_____

_____

日期 *2019 年 04 月 11 日*

| 收款人：*滨海市华风有限公司* |
| 金　额：￥*5960000* |
| 用　途：*支付货款* |

单位主管：*李盛利*　会计：*刘惠*

【业务 9】4 月 16 日，滨海市昌盛有限公司对库存现金进行清查盘点，清查结果如表 3-2-15 所示。

表 3-2-15
现金盘点溢（缺）报告单

部门：*财务部*　　　　　　　*2019 年 04 月 16 日*

编号	现金种类	单位	账面余额	实存金额	盘盈	盘亏	原因
					金额	金额	
1	*人民币*	*元*	*1200.00*	*900.00*		*300.00*	*待查*

【业务 10】4 月 17 日，对短缺的现金做出处理，如表 3-2-16 所示。

表 3-2-16
现金溢（缺）处理审批报告单

部门：*财务部*　　　　　　　*2019 年 04 月 17 日*

编号	现金种类	单位	账面金额	实存金额	盘盈	盘亏	原因
					金额	金额	
1	*人民币*	*元*	*1200*	*900*		*300*	
处理意见	*其中 200 元短缺是出纳员陈瑀工作失误导致的，应由其赔偿；其余 100 元短缺原因无法查明，按企业会计准则规定处理*	财务主管签字　　*李盛利*			单位负责人签字　　*张胜昌*		

145

【业务11】4月29日，一台设备报废，转入清理，如表3-2-17所示。

表3-2-17

固定资产清理申请单

单位：元

使用部门	生产车间	名称及型号	××设备
数量	1台	原值	6000.00
预计使用年限	5年	实际使用年限	4年
已提折旧	4800.00	净值	1200
支付清理费用		收回变价收入	
申请人	刘惠	报废日期	2019年4月29日
申请清理理由	设备报废		

【业务12】4月29日，支付车床清理费，如表3-2-18所示。

表3-2-18

滨海通用机打发票

发票联

发票代码 1002000000321

发票号码 50069632

开票日期：2019-04-29　　行业分类：运输业

付款方名称：滨海市昌盛有限公司　　付款方识别号：913711120140106369
付款方地址：滨海市阳城区华阳路369号　　付款方电话：88998899

开票项目	规格/型号	单位	数量	单价	金额
*运输服务*设备清理劳务费		次	1	400.00	400.00

现金付讫

备注：
总计金额：¥400.00　　金额大写：肆佰元整
收款方名称：滨海市运通服务公司　　收款方识别号：913701112453603576
收款方地址：滨海市刘怀街北路333号　　收款方电话：33225577
查验码：01009987140122060163642 35　　开票人：周亮

开具金额合计限壹万元（含），万元以上无效

第一联 发票联（购买方付款凭证）（手开无效）

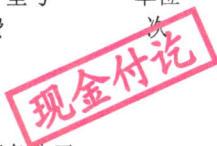

【业务13】4月29日，结转报废车床的净损益，如表3-2-19所示。

表3-2-19

固定资产清理净损益计算表

2019年04月29日

清理性质	正常报废	千	百	十	万	千	百	十	元	角	分	备注
清理收入									0			报废车床损益计算
清理前净值					1	2	0	0	0	0		
清理费用						4	0	0	0	0		
净收益									0			
净损失					¥	1	6	0	0	0	0	

【业务 14】4 月 29 日，支付税收滞纳金，如表 3-2-20 所示。

表 3-2-20

中 华 人 民 共 和 国
税 务 专 用 缴 款 凭 证

填发日期：2019 年 04 月 29 日 　　　　　　　　　　　征收机关：市地税局

纳税人代码	913711120140106369	纳税人账号	3000001173269158
纳税人全称	滨海市昌盛有限公司	开户银行	中国工商银行滨海支行华阳营业部
缴费种类	税收滞纳金		
实缴金额	￥2000.00		
金额合计	人民币（大写）贰仟元整		
收款银行（盖章）	填票（盖章）		备注

【业务 15】4 月 30 日，接受新股东投资，进账单如表 3-2-21 所示。

表 3-2-21

中国工商银行　**进 账 单**　（收 账 通 知）　　3

2019 年 04 月 30 日

出票人	全　称	黄河有限责任公司	收款人	全　称	滨海市昌盛有限公司									
	账　号	98767893		账　号	3000001173269158									
	开户银行	滨海市交通银行		开户银行	中国工商银行滨海支行华阳营业部									
金额	人民币（大写）	叁佰万元整				千	百	十	万	千	百	十	元	角	分
							￥3	0	0	0	0	0	0	0	0
票据种类	转账支票	票据张数	1 张											
票据号码														
投资转入				收款人开户银行签章										
	复核　　　　记账													

此联是收款人开户行交给收款人的收账通知

　　【要求】根据**【业务 1】**～**【业务 2】**填制记账凭证，如表 3-2-22 和表 3-2-23 所示，其他业务的记账凭证以简易的会计分录形式体现，如表 3-2-24 所示（除"应交税费"账户应写出明细账户外，其余账户不做要求）。

业务 1　记账凭证

表 3-2-22

收 款 凭 证

借方科目：　　　　　　　　　　年　月　日　　　　　　　收字第　号

摘　要	贷 方 科 目		√	金　额
	总账科目	明细科目		千百十万千百十元角分
合　计				

附件　张

财务主管：　　　审核：　　　出纳：　　　记账：　　　制单：

业务 2　记账凭证

表 3-2-23

付 款 凭 证

贷方科目：　　　　　　　　　　年　月　日　　　　　　　付字第　号

摘　要	借 方 科 目		√	金　额
	总账科目	明细科目		千百十万千百十元角分
合　计				

附件　张

财务主管：　　　审核：　　　出纳：　　　记账：　　　制单：

表 3-2-24

简易记账凭证表

业务号	凭证字号	摘要	账户名称	借方金额	贷方金额	记账标记
3						
4						
5						
6						
7						
8						
9						
10						
11						
12						

业务号	凭证字号	摘要	账户名称	借方金额	贷方金额	记账标记
13						
14						
15						

二、登记明细账并结账

【资料】滨海市昌盛有限公司 2019 年 5 月 1 日"应收账款——华远公司"明细账户的借方余额为 100000 元，5 月份发生的相关业务的记账凭证如表 3-2-25～表 3-2-29 所示。

表 3-2-25

记 账 凭 证

2019 年 05 月 03 日　　　　　　记字第　3　号

摘　要	总账科目	明细科目	√	借方金额										√	贷方金额										附单据1张
				千	百	十	万	千	百	十	元	角	分		千	百	十	万	千	百	十	元	角	分	
收回货款	银行存款				1	0	0	0	0	0	0	0													
	应收账款	华远公司															1	0	0	0	0	0	0	0	
合　计					¥	1	0	0	0	0	0	0	0		¥	1	0	0	0	0	0	0	0	

财务主管：　　　　审核：刘成　　　　出纳：　　　　　记账：　　　　制单：刘惠

表 3-2-26

记 账 凭 证

2019 年 05 月 05 日　　　　　　记字第　6　号

摘　要	总账科目	明细科目	√	借方金额										√	贷方金额										附单据1张
				千	百	十	万	千	百	十	元	角	分		千	百	十	万	千	百	十	元	角	分	
赊销产品	应收账款	华远公司				6	7	8	0	0	0	0													
	主营业务收入																6	0	0	0	0	0	0	
	应交税费	应交增值税（销项税额）																	7	8	0	0	0	
合　计					¥	6	7	8	0	0	0	0		¥	6	7	8	0	0	0	0			

财务主管：　　　　审核：刘成　　　　出纳：　　　　　记账：　　　　制单：刘惠

表 3-2-27

记 账 凭 证

2019 年 05 月 10 日   记字第 8 号

摘　要	总账科目	明细科目	✓	借方金额 千百十万千百十元角分	✓	贷方金额 千百十万千百十元角分	
收回货款	银行存款			7 8 0 0 0 0			附单据1张
	应收账款	华远公司				7 8 0 0 0 0	
合　计				¥ 7 8 0 0 0 0		¥ 7 8 0 0 0 0	

财务主管:　　审核: 刘成　　出纳:　　记账:　　制单: 刘惠

表 3-2-28

记 账 凭 证

2019 年 05 月 15 日   记字第 12 号

摘　要	总账科目	明细科目	✓	借方金额 千百十万千百十元角分	✓	贷方金额 千百十万千百十元角分	
赊销产品	应收账款	华远公司		5 6 5 0 0 0 0			附单据2张
	主营业务收入					5 0 0 0 0 0 0	
	应交税费	应交增值税(销项税额)				6 5 0 0 0 0	
合　计				¥ 5 6 5 0 0 0 0		¥ 5 6 5 0 0 0 0	

财务主管:　　审核: 刘成　　出纳:　　记账:　　制单: 刘惠

表 3-2-29

记 账 凭 证

2019 年 05 月 26 日   记字第 20 号

摘　要	总账科目	明细科目	✓	借方金额 千百十万千百十元角分	✓	贷方金额 千百十万千百十元角分	
收到商业汇票用	应收票据	华远公司		9 0 0 0 0 0 0			附单据1张
于收抵前欠货款	应收账款	华远公司				9 0 0 0 0 0 0	
合　计				¥ 9 0 0 0 0 0 0		¥ 9 0 0 0 0 0 0	

财务主管:　　审核: 刘成　　出纳:　　记账:　　制单: 刘惠

【要求】根据以上资料,登记"应收账款——华远公司"明细账,如表 3-2-30 所示,并进行月末结账。

表 3-2-30

应收账款明细账

明细账户：华远公司　　　　　　　　　　　　　　　　　　　　　　　　　　　第 8 页

年		凭证		摘　　要	借　　方									贷　　方									借或贷	余　　额								
月	日	字	号		百	十	万	千	百	十	元	角	分	百	十	万	千	百	十	元	角	分		百	十	万	千	百	十	元	角	分

实训三　会计主管岗位

实训目的

1. 根据给定的有关结账前本期发生额明细表，进行期末转账，编制相关的记账凭证；
2. 按要求登记有关总账并结账；
3. 编制利润表；
4. 计算资产负债表各项目金额或者编制资产负债表。

实训指导

一、会计主管岗位概述

会计主管岗位一般是指一个单位负责会计工作或一岗多人下负责一个岗位会计工作的岗位，包括总会计师（或行使总会计师职权）岗位，会计机构负责人或者会计主管人员岗位，总账核算岗位，对外财务会计报告编制岗位等。

二、会计机构负责人（或会计主管人员）的作用

1. 强化会计核算，降低企业运行成本。
2. 加强会计监督，提高企业效益。
3. 做好会计分析，为决策提供参考。
4. 参与经济预测和决策，当好参谋助手。
5. 合理处置企业会计工作，提高会计办事效率。

三、会计机构负责人（或会计主管人员）的主要职责

1. 遵守国家法规，制定财务制度。
2. 组织筹集资金，合理使用资金。
3. 认真研究税法，督促足额上缴。
4. 组织分析活动，参与经营决策。
5. 参与审查合同，维护企业利益。
6. 提交财务报表，汇报财务工作。
7. 组织会计学习，考核调配人员。

实战演练

任务　会计主管岗位操作

【资料1】滨海市昌盛有限公司 2019 年 5 月结账前损益类账户本期发生额明细表（结账前）如表 3-3-1 所示。

表 3-3-1

损益类账户本期发生额明细表（结账前）

单位：元

账户名称	本期贷方发生额	账户名称	本期借方发生额
主营业务收入	850000	主营业务成本	550000
其他业务收入	9000	其他业务成本	6000
投资收益	31000	税金及附加	13000
营业外收入	8000	销售费用	32000
		管理费用	37000
		财务费用	15000
		营业外支出	3000

【要求】

1. 根据表 3-3-1 的资料，进行收入类账户的期末转账，编制记账凭证（凭证号为记字第48 号），如表 3-3-2 所示。

表 3-3-2

记　账　凭　证

年　　月　　日　　　　　　　记字第　　　号

摘　　要	总账科目	明细科目	✓	借方金额										✓	贷方金额									
				千	百	十	万	千	百	十	元	角	分		千	百	十	万	千	百	十	元	角	分
合　　计																								

财务主管：　　　　审核：　　　　出纳：　　　　记账：　　　　制单：

161

2. 根据记字第 48 号凭证，登记"主营业务收入"总分类账，如表 3-3-3 所示，并结账（其他账户略）。

表 3-3-3

总 分 类 账

会计科目：主营业务收入   第 页

2019年 月	日	凭证号数	摘 要	借 方 百十万千百十元角分	贷 方 百十万千百十元角分	借或贷	余 额 百十万千百十元角分
05	08	记6	销售产品		3 3 3 0 0 0 0 0	贷	3 3 3 0 0 0 0 0
05	15	记13	销售产品		2 2 3 5 0 0 0 0	贷	5 5 6 5 0 0 0 0
05	26	记38	销售产品		2 9 3 5 0 0 0 0	贷	8 5 0 0 0 0 0 0

3. 假设本公司没有纳税调整事项，所得税税率为 25%，根据表 3-3-1 计算所得税费用，并编制利润表，如表 3-3-4 所示。

表 3-3-4

利 润 表（简表）

会企 02 表

编制单位：   年 月   单位：元

项 目	行次	本期金额	上期金额
一、营业收入	1		
减：营业成本	2		
税金及附加	4		
销售费用	5		
管理费用	6		
研发费用	7		
财务费用	8		
资产减值损失	9		
加：其他收益	10		（略）
投资收益（损失以"-"号填列）	11		
其中：对联营企业和合营企业的投资收益	12		
二、营业利润	13		
加：营业外收入	14		
减：营业外支出	16		
三、利润总额（亏损总额以"-"号填列）	17		
减：所得税费用	18		
四、净利润（净亏损以"-"号填列）	19		
五、每股收益	20		
（一）基本每股收益	21		
（二）稀释每股收益	22		

【资料2】滨海市昌盛有限公司 2019 年 5 月末结账后本月各账户的期末余额如表 3-3-5 所示。

表 3-3-5
账户期末余额表

单位：元

账户名称	借方余额	账户名称	贷方余额
库存现金	4000	坏账准备	2500
银行存款	385900	累计折旧	367100
其他货币资金	100000	累计摊销	132000
应收票据	50000	短期借款	40000
应收账款	84500	应付票据	50000
预付账款	40000	应付账款	61000
原材料	180000	预收账款	30000
库存商品	80500	应交税费	30700
长期股权投资	300000	长期借款	140000
固定资产	1500000	实收资本	1700000
在建工程	220000	资本公积	150000
无形资产	350000	盈余公积	475600
		利润分配	116000
合　计	3294900	合　计	3294900

其中：有关明细账户的期末余额如表 3-3-6 所示。

表 3-3-6
有关明细账户期末余额表

单位：元

总账账户名称	明细账户名称	借方余额	贷方余额
应收账款		84500	
	A公司	60000	
	B公司	58500	
	C公司		34000
预付账款		40000	
	甲公司	56000	
	乙公司		16000
应付账款			61000
	D公司		57000
	E公司		23000
	F公司	19000	
预收账款			30000
	丙公司		52000
	丁公司	22000	
长期借款	其中一年内到期的长期借款		40000

【**要求**】根据表 3-3-5 和表 3-3-6 所示的资料，计算填写表 3-3-7 的表头内容及表内货币资金、应收账款、预付账款、存货、固定资产、无形资产、应付账款、预收账款、长期借款和资产总计项目的金额。

表 3-3-7

资产负债表（简表）

会企 01 表

编制单位：　　　　　　　　　　　　年　月　日　　　　　　　　　　单位：元

资　　产	期末余额	年初余额	负债及所有者权益	期末余额	年初余额
流动资产：			流动负债：		
货币资金			短期借款		
交易性金融资产			交易性金融负债		
应收票据			应付票据		
应收账款			应付账款		
预付款项			预收款项		
其他应收款			应付职工薪酬		
存货			应交税费		
一年内到期的非流动资产			其他应付款		
其他流动资产			一年内到期的非流动负债		
流动资产合计			其他流动负债		
非流动资产：			流动负债合计		
债权投资			非流动负债：		
其他债权投资			长期借款		
长期应收款			应付债券		
长期股权投资			长期应付款		
投资性房地产			预计负债		
固定资产			递延所得税负债		
在建工程			其他非流动负债		
生产性生物资产			非流动负债合计		
油气资产			负债合计		
无形资产			所有者权益（或股东权益）：		
开发支出			实收资本（或股本）		
商誉			资本公积		
长期待摊费用			减：库存股		
递延所得税资产			盈余公积		
其他非流动资产			未分配利润		
非流动资产合计			所有者权益合计		
资产总计			负债及所有者权益总计		

模块四

综合实训

实训目的

1．进一步熟悉原始凭证反映的经济业务内容；
2．进一步规范、熟练地填制记账凭证；
3．会登记各种日记账、明细账；
4．会登记总账；
5．规范对账、结账；
6．会编制资产负债表、利润表；
7．会装订会计凭证，会整理会计档案。

实训要求

1．进行综合实训之前，应认真阅读实训企业概况，熟悉企业基本情况、财务政策和核算方法。

2．进行会计核算时：

（1）记账凭证采用通用记账凭证；

（2）账务处理程序采用记账凭证账务处理程序；

（3）存货按实际成本的加权平均法计价；

（4）产品成本计算内容简化，方法省略；

（5）总账、日记账采用三栏式账页，明细账根据经济业务内容选用不同格式的账页；

（6）发现错账后，请勿刮擦、挖补和涂改，应根据错误情况采用适当的错账更正方法进行更正。

实训步骤

1．建账

根据 6 月末的期末余额，建立总账、现金日记账、银行存款日记账和有关明细账；并登记 7 月份的期初余额。

2．日常核算

（1）根据发生的经济业务（业务以原始凭证或原始凭证汇总表的形式出现），编制有关的记账凭证；

（2）根据要求登记有关的日记账和明细账；

（3）根据记账凭证登记总账；

（4）根据要求计算和填写电费分配表、制造费用分配表、生产成本计算表，编制相应的记账凭证，并登记有关账簿。

3．月末结账，编制财务报表

（1）月末，根据要求结转损益类账户发生额；

（2）月末，结出有关账户的发生额及余额，并进行对账；

（3）编制余额试算平衡表；

（4）根据要求编制资产负债表、利润表；

（5）根据要求整理、装订会计凭证；

（6）根据要求将本月的会计资料进行整理归档。

实训用品

给定的原始凭证若干；准备记账凭证50张，会计凭证封面封底1张；总账1本，日记账如果条件允许各1本，也可以各1张，数量金额式明细账10张，三栏式明细账20张，多栏式明细账10张，试算平衡表1张，资产负债表1张，利润表1张；单位预留银行印鉴、实习用的财务专用章、个人名章；记账笔、圆珠笔、红笔等。

实训资料

一、公司账户余额资料

滨海市昌盛有限公司2019年6月30日总账及有关明细账月末余额表如表4-1-1所示。

表 4-1-1

总账及有关明细账月末余额表

2019 年 06 月 30 日　　　　　　　　　　　　　单位：元

资产类科目	金额	负债及所有者权益	金额
库存现金	2700	短期借款	150000
银行存款	550000	应付票据	90000
其他应收款	4200	应付账款	180000
——张强	800	——滨海信达有限公司	120000
——李莹	3400	——滨海泉城有限公司	60000
原材料	352000	应交税费	22000
——A材料（240吨×1200元/吨）	288000	——未交增值税	20000
——B材料（160吨×400元/吨）	64000	——应交城市维护建设税	1400
		——应交教育费附加	600
库存商品	491168		
——甲产品（820件×300元/件）	246000	应付职工薪酬	10000
——乙产品（700件×350.24元/件）	245168		
固定资产	3900000	应付利息	2100
减：累计折旧	894468	实收资本	2900000
		资本公积	143000
		盈余公积	158100
		本年利润	750400
资产总计	4405600	负债及所有者权益总计	4405600

二、公司发生的经济业务

滨海市昌盛有限公司 2019 年 7 月份发生的经济业务如表 4-1-2～表 4-1-57 所示。

表 4-1-2

中国工商银行　**进账单**　（收 账 通 知）　　　**3**

2019 年 07 月 01 日

出票人	全称	长虹公司	收款人	全称	滨海市昌盛有限公司
	账号	23498675445		账号	3000001173269158
	开户银行	滨海市交通银行		开户银行	中国工商银行滨海支行华阳营业部

金额	人民币（大写）	贰拾万元整	千 百 十 万 千 百 十 元 角 分
			￥ 2 0 0 0 0 0 0 0

票据种类	转账支票	票据张数	1 张
票据号码		（略）	

复核　　　记账　　　　　　　　　　　　收款人开户银行签章

（盖章：中国工商银行滨海支行华阳营业部 2019.07.01 转讫）

此联是收款人开户行交给收款人的收账通知

表 4-1-3

收款收据

2019 年 07 月 01 日　　　　　　　No 000756

交款单位　长虹公司　　　　　　　　收款方式　转账支票

收款事由　还货款

人民币（大写）　贰拾万元整　　　　　　￥200000.00

收款单位（盖章）　会计主管：李盛利　审核：刘超　记账：刘惠　出纳：陈玮　经办：周娜

此联　记账联

表 4-1-4

收款收据

2019 年 07 月 03 日　　　　　　　No 000757

交款单位　供应科张强　　　　　　　收款方式　现金

收款事由　差旅费余款

人民币（大写）　捌拾捌元整　　　　　　￥88.00

收款单位（盖章）　会计主管：李盛利　审核：刘超　记账：刘惠　出纳：陈玮　经办：张强

此联　记账联

表 4-1-5

差 旅 费 报 销 单

3-1/1

单位：滨海市昌盛有限公司供应部　　　2019 年 07 月 03 日

姓　名			张强			出差事由		联系采购业务			附单据 3 张
起止日期	出发地	到达地	市内交通补助		伙食补贴		车/船/机票		住宿费 (4 天)	合计金额	
			天数	金额	天数	金额	张数	金额			
6 月 28 日	滨海	天津	5	50.00	5	100.00	1	102.00	360.00		
7 月 2 日	天津	滨海					1	100.00			
合　计				50.00		100.00		202.00	360.00	712.00	

报销金额合计人民币（大写）：柒佰壹拾贰元整　　　¥ 712.00

预借金额：¥ 800.00　　　结余或超支：¥ 88.00

单位负责人：张胜昌　会计主管：李盛利　会计：刘惠　出纳员：陈玮　出差人：张强

表 4-1-6

中华人民共和国
税收缴款书

4-1/2

隶属关系：　　　　　　　　　　　　　　　　　经济性质：国有
收入机关：滨海华阳税务分局　　填发日期：2019 年 07 月 08 日　国字第 30256 号

缴款单位	代码	913711120140106369	预算科目	编码	
	全称	滨海市昌盛有限公司		名称	
	开户银行	中国工商银行滨海支行华阳营业部		级次	中央 70%，市 30%
	账号	3000001173269158	收款国库	国家金库滨海华阳支库	

税款所属时期：2019 年 06 月　　　　税款限缴时期：2019 年 07 月 10 日

品目名称	课税数量	计税金额或销售收入	税率或单位税额	已缴或扣除额	实缴税额
增值税		600000.00	13%	58000.00	20000.00
合计（小写）	—	—	—	—	¥ 20000.00
金额合计	人民币（大写）贰万元整				

缴款单位（盖章）　经办人务（章）章
税务机关（盖章）　填票人（章）

上列款项已收妥，并划转收款单位账户，国库（银行）盖章
中国工商银行滨海支行华阳营业部 2019.07.08 转讫
2019 年 07 月 08 日

备注

173

表 4-1-7

中华人民共和国
税收缴款书

4-2/2

隶属关系：
收入机关：滨海华阳税务分局　　填发日期：2019 年 07 月 08 日

经济性质：国有
地字第 20345 号

缴款单位	代码	913711120140106369	预算科目	款	
	全称	滨海市昌盛有限公司		项	
	开户银行	中国工商银行滨海支行华阳营业部		级次	地市级
	账号	3000001173269158	收款国库	国家金库滨海华阳支库	

税款所属时期：2019 年 06 月　　　　税款限缴时期：2019 年 07 月 10 日

品目名称	课税数量	计税金额或销售收入	税率或单位税额	已缴或扣除额	实缴税额
城市维护建设税		20000.00	7%		1400.00
教育费附加		20000.00	3%		600.00
合计（小写）	—	—	—	—	￥2000.00
金额合计	人民币（大写）贰仟元整				

缴款单位（盖章）　税务机关（盖章）　上列款项已收妥，并划转收款单位账户，国库（银行）盖章
经办人（章）　填票人（章）　　　2019 年 07 月 08 日

表 4-1-8　　5-1/1

中国工商银行
现金支票存根（滨）
XⅡ 320004201

附加信息 _____

日期 2019 年 07 月 10 日

收款人：滨海市昌盛有限公司

金　额：￥250000.00

用　途：备发工资

单位主管：李盛利　会计：刘惠

表 4-1-9

工资结算汇总表

6-1/1

单位名称：滨海市昌盛有限公司　　　2019 年 07 月 10 日

	计时工资	计件工资	奖金	应付工资	代扣款项	实发工资
甲产品生产人员	30000.00	60000.00	30000.00	120000.00	5300.00	114700.00
乙产品生产人员	15000.00	40000.00	15000.00	70000.00	2500.00	67500.00
车间管理人员	25000.00		15000.00	40000.00	1200.00	38800.00
行政管理人员	20000.00		10000.00	30000.00	1000.00	29000.00
合计	90000.00	100000.00	70000.00	260000.00	10000.00	250000.00

主管：李盛利　　会计：刘惠　　审核：孙涛　　出纳：陈玮　　制单：张旺

175

表 4-1-10　　　**7-1/2**

中国工商银行
转账支票存根（滨）
ⅩⅡ 300006201

附加信息 ＿＿＿＿＿＿＿＿＿＿＿

＿＿＿＿＿＿＿＿＿＿＿＿＿＿＿

＿＿＿＿＿＿＿＿＿＿＿＿＿＿＿

日期 *2019 年 07 月 11 日*

收款人：*中国工商银行滨海支行*
金　额：￥*150000.00*
用　途：*归还借款*

单位主管：*李盛利*　　会计：*刘惠*

表 4-1-11

贷 款 借 据（正本）

7-2/2

2018 年 07 月 12 日

银行编号

借款人名称	借款种类	贷款申请书编号	借款账号	存款账号
滨海市昌盛有限公司	流动资金周转借款	×××	3000001173269158	3000001173269158

贷款金额	人民币（大写）	壹拾伍万元整	十亿 千 百 十 万 千 百 十 元 角 分												银行核定金额	人民币（大写）	壹拾伍万元整
						￥	1	5	0	0	0	0	0	0			

借款利率	借款期限	还款方式	到期还款日	展期到期日
7.2%	1 年	按月付息，到期还本	2019 年 07 月 11 日	2019 年 07 月 11 日

兹向贵行贷到上列流动资金周转贷款，到期时请凭此借据作为本单位还款依据。
　　　　　　　　　　　　　　　　　此致

（借款单位盖章）（需加盖预留印鉴） 负责人（盖章）

上列款项已批准划入你单位银行存款账户。

工商银行结算专用章

	日　期	还款金额	未还金额	记账员	复核员	
还款记录	2019 年 07 月 11 日	￥150000.00	0	×××	×××	银行结算章

此联 到期还款后交借款单位

表 4-1-12

8-1/2

中国工商银行
转账支票存根（滨）
ⅩⅡ 300006202

附加信息 _____

_____

日期 *2019* 年 *07* 月 *11* 日

收款人：	中国工商银行滨海支行
金　额：	₸ *3000.00*
用　途：	支付短期借款利息

单位主管：*李盛利*　会计：*刘惠*

表 4-1-13

8-2/2

中国工商银行借款利息清单

2019 年 *07* 月 *11* 日

单位名称：滨海市昌盛有限公司　　　币种：人民币　　　银行账号：3000001173269158

起息日期			结息日期			天数	积数							日利率	利息								
年	月	日	年	月	日		十	亿	千	百	十	万	千		百	十	万	千	百	十	元	角	分
2019	04	12	2019	05	11	30				6	0	0	0	0.2‰				1	2	0	0	0	0
2019	05	12	2019	06	11	30				4	5	0	0	0.2‰					9	0	0	0	0
2019	06	12	2019	07	11	30				4	5	0	0	0.2‰					9	0	0	0	0

人民币（大写）叁仟元整　　　　　　　　　　　　　　　　　　　￥ *3000.00*

略	会计分录：
银行业务章	复核　　　　　记账

备注：前两个月已计算结转应支付的短期借款利息 2100 元。

表 4-1-14

9-1/2

中国工商银行　**进账单**　（收账通知）　　3

2019 年 *07* 月 *12* 日

出票人	全称	滨海人民商场	收款人	全称	滨海市昌盛有限公司									
	开户银行	中国建设银行华信支行营业部		开户银行	中国工商银行滨海支行华阳营业部									
	账号	5000000112233036		账号	3000001173269158									
金额	人民币（大写）	陆拾柒万捌仟元整				千	百	十	万	千	百	十	元	角	分
							￥	6	7	8	0	0	0	0	0
票据种类	转账支票	票据张数	1 张							
票据号码										
	复核　　　　　记账				收款人开户银行签章					

此联是收款人开户行交给收款人的收账通知

表 4-1-15

9-2/2

滨海增值税专用发票

此联不作报销、抵扣凭证使用

370111567673

№ 06215782

机器编号：300042158954

开票日期：2019 年 07 月 12 日

购买方	名　　称：滨海人民商场 纳税人识别号：913711342030400258 地址、电话：滨海市东城区华信路 258 号 73456280 开户行及账号：中国建设银行华信支行营业部 5000000112233036					密码区		（略）	

货物或应税劳务名称	规格型号	单位	数量	单价	金额	税率	税额
*金属制品*乙产品	JS10	件	1200	500	600000.00	13%	78000.00
合　　计					¥600000.00		¥78000.00

价税合计（大写）陆拾柒万捌仟元整　　　　　（小写）¥678000.00

销售方	名　　称：滨海市昌盛有限公司 纳税人识别号：913711120140106369 地址、电话：滨海市阳城区华阳路 369 号 88998899 开户行及账号：中国工商银行滨海支行华阳营业部 3000001173269158	备注	

收款人：　　　　复核：　　　　开票人：　　　　销售方：（章）

第一联：记账联 销售方记账凭证

表 4-1-16　　10-1/2

中国工商银行

转账支票存根（滨）

XⅡ 300006203

附加信息 _____

_____

_____

日期 2019 年 07 月 15 日

收款人：滨海市信达有限公司
金　额：¥120000.00
用　途：支付前欠货款

单位主管：李盛利　会计：刘惠

表 4-1-17

收款收据

2019 年 07 月 15 日　　　　　No 010823

付款单位　滨海市昌盛有限公司　　　　　收款方式　转账支票

收款事由：收到昌盛偿还的前欠货款

金额（大写）壹拾贰万元整　　　　　　　￥120000.00

收款单位（盖章）　会计主管：×××　审核：×××　记账：×××　出纳：×××　经办：×××

此联　交给付款单位

表 4-1-18　　　11-1/4

中国工商银行

转账支票存根（滨）

ⅩⅡ 300006204

附加信息 _____

_____

_____

日期 2019 年 07 月 16 日

收款人：	滨海市信达有限公司
金　额：	￥339000.00
用　途：	支付货款

单位主管：李盛利　会计：刘惠

表 4-1-19

滨海增值税专用发票

发 票 联

11-2/4

№ 07124365

370111567674

机器编号：300042158954　　　　　开票日期：2019 年 07 月 16 日

购买方	名　　称：滨海市昌盛有限公司 纳税人识别号：913711120140106369 地址、电话：滨海市阳城区华阳路 369 号　88998899 开户行及账号：中国工商银行滨海支行华阳营业部 3000001173269158	密码区	（略）

货物或应税劳务名称	规格型号	单位	数量	单价	金额	税率	税额
*金属制品*A 材料	10×20	吨	200	1200.00	240000.00	13%	31200.00
*金属制品*B 材料	10×20	吨	150	400.00	60000.00	13%	7800.00
合　计					¥300000.00		¥39000.00

价税合计（大写）⊗叁拾叁万玖仟元整　　　　　（小写）¥339000.00

销售方	名　　称：滨海市信达有限公司 纳税人识别号：913712120140309147 地址、电话：滨海市海淀区华盛路 147 号　88778877 开户行及账号：中国工商银行华盛支行营业部 3000001193372416	备注	滨海市信达有限公司 913712120140309147 发票专用章

收款人：　　　　　复核：　　　　　开票人：　　　　　销售方（章）

第三联：发票联　购买方记账凭证

表 4-1-20

滨海增值税专用发票

抵扣联

11-3/4

370111567674

№ 07124365

机器编号：300042158954

开票日期：2019 年 07 月 16 日

购买方	名　　称：滨海市昌盛有限公司 纳税人识别号：913711120140106369 地址、电话：滨海市阳城区华阳路 369 号　88998899 开户行及账号：中国工商银行滨海支行华阳营业部　3000001173269158					密码区		（略）	
货物或应税劳务名称	规格型号	单位	数量	单价	金额	税率	税额	
*金属制品*A 材料	10×20	吨	200	1200	240000.00	13%	31200.00	
*金属制品*B 材料	20×20	吨	150	400	60000.00	13%	7800.00	
合　计					¥300000.00		¥39000.00	

价税合计（大写）⊗叁拾叁万玖仟元整	（小写）¥339000.00

销售方	名　　称：滨海市信达有限公司 纳税人识别号：913712120140309147 地址、电话：滨海市海淀区华盛路 147 号　88778877 开户行及账号：中国工商银行华盛支行营业部　3000001193372416	备注	

收款人：　　　复核：　　　开票人：　　　销售方：（章）

第二联：抵扣联　购买方扣税凭证

表 4-1-21

滨海市昌盛有限公司收料单

11-4/4

供应单位：滨海市信达有限公司　　2019 年 07 月 16 日　　收料单编号：×××

材料类别：原料及主要材料　　　　　　　　　　　　收料仓库：4号仓库

编号	名称	规格	单位	数量		实际成本					备注
				应收	实收	买价（元）		运杂费	其他	合计（元）	
						单价	金额				
	A材料	10×20	吨	200	200	1200	240000.00	—		240000.00	
	B材料	20×20	吨	150	150	400	60000.00	—		60000.00	
合　　计										¥300000.00	

主管：×××　采购员：×××　检验员：×××　记账员：刘惠　保管员：×××

此联　记账联

表 4-1-22　12-1/2

中国工商银行
转账支票存根（滨）
XⅡ 300006205

附加信息 _____

_____

_____

日期 2019 年 07 月 18 日

收款人：滨海盛达广告公司
金　额：¥30000.00
用　途：支付广告费

单位主管：李盛利　会计：刘惠

表 4-1-23

滨海通用机打发票

发票联

发票代码 11000000000567

开票日期：2019-07-18　　　　行业类别 广告业　　　发票号码 67536001

| 付款方名称：滨海市昌盛有限公司 | 付款方识别号：913711120140106369 |
| 付款方地址：滨海市阳城区华阳路 369 号 | 付款方电话：88998899 |

开票项目	规格/型号	单位	数量	单价	金额
*文化创意服务*广告费	—	—	—	—	30000.00

备注：
总计金额：¥30000.00　　　　　　　　　　　金额大写：叁万元整
收款方名称：滨海市威达广告公司　　　　　　收款方识别号：913712120130206258
收款方地址：滨海市昌河街西路 627 号　　　　收款方电话：55220011
查验码：0100998714012206016875500　　　　开票人：李聪

开具金额合计限壹万元（含），万元以上无效

（第一联 发票联（购买方付款凭证）（手开无效）

南港公司 2019 年 1 月印 1000000 份

表 4-1-24

370111568288

滨海增值税专用发票

№ 06215783

机器编号：300042158954　　　此联不作报销、抵扣凭证使用　　　开票日期：2019 年 07 月 20 日

购买方	名　　称：滨海银座商城 纳税人识别号：913711342030400741 地 址、电 话：滨海市东城区华信路 741 号　73457418 开户行及账号：中国建设银行华荣支行营业部　5000000334455027	密码区	（略）

货物或应税劳务名称	规格型号	单位	数量	单价	金额	税率	税额
*金属制品*甲产品	JS20	件	1000	400	400000.00	13%	52000.00
合　计					¥400000.00		¥52000.00

价税合计（大写）⊗肆拾伍万贰仟元整　　　　　（小写）¥452000.00

销售方	名　　称：滨海市昌盛有限公司 纳税人识别号：913711120140106369 地 址、电 话：滨海市阳城区华阳路 369 号　　88998899 开户行及账号：中国工商银行滨海支行华阳营业部　3000001173269158	备注	

收款人：　　　　复核：　　　　开票人：　　　　销售方：（章）

第一联：记账联　销售方记账凭证

表 4-1-25

中国工商银行 进账单 （收 账 通 知）　13-2/2　3

2019 年 07 月 20 日

出票人	全　称	滨海银座商城	收款人	全　称	滨海市昌盛有限公司
	开户银行	中国建设银行华荣支行营业部		开户银行	中国工商银行滨海支行华阳营业部
	账　号	500000334455027		账　号	3000001173269158

金额	人民币（大写）	肆拾伍万贰仟元整	千 百 十 万 千 百 十 元 角 分
			￥ 4 5 2 0 0 0 0 0

票据种类	转账支票	票据张数	1 张	
票据号码				

复核　　　记账

中国工商银行滨海支行
华阳营业部
2019.07.20
转讫

收款人开户银行签章

此联是收款人开户行交给收款人的收账通知

表 4-1-26

14-1/2

滨海通用机打发票

发票联

发票代码 11000000000323
发票号码 67536004

开票日期：2019-07-21　　行业分类：零售业

开票项目	规格/型号	单位	数量	单价	金额
付款方名称：滨海市昌盛有限公司			付款方识别号：913711120140106369		
付款方地址：滨海市阳城区华阳路 369 号			付款方电话：88998899		
*计算器货币专用设备*计算器		件	10	69.00	690.00
备注：					
总计金额：￥690.00			金额大写：陆佰玖拾元整		
收款方名称：滨海市威力百货公司			收款方识别号：913712120130206963		
收款方地址：滨海市昌河街南路 227 号			收款方电话：33776611		
查验码：0100998714012206016870066			开票人：廖昌		

现金付讫

开具金额合计限壹万元（含），万元以上无效

第一联 发票联（购买方付款凭证）（手开无效）

表 4-1-27

14-2/2

滨海市昌盛有限公司办公用品领用单

2019 年 07 月 21 日

领用部门	商品名称	领用数量	金额	领用人签名
行政部	计算器	4 件	276.00	×××
生产车间	计算器	6 件	414.00	×××
合计	—	—	￥690.00	

单位负责人：张胜昌　　　主管：刘进　　　经手人：王大雷

表 4-1-28

商业承兑汇票

签发日期: *2019 年 07 月 22 日*   第 0020067 号

收款人	全　称	滨海市信达有限公司	付款人	全　称	滨海市昌盛有限公司
	账　号	3000001193372416		账　号	3000001173269158
	开户银行	中国工商银行华盛支行营业部		开户银行	中国工商银行滨海支行华阳营业部

汇票金额	人民币(大写)	叁拾捌万肆仟贰佰元整	亿	千	百	十	万	千	百	十	元	角	分
					￥	3	8	4	2	0	0	0	0

汇票到期日	*2019 年 11 月 22 日*	交易合同号码	56789-6

本汇票已经本单位承兑，到期日无条件支付票款 此致 收款人盖章	汇款签发人盖章 负责人　　　　经办人

(此联是收款人开户银行随结算凭证寄付款人开户银行作付出传票附件)

表 4-1-29

滨海增值税专用发票

发 票 联

370111568322   № 045734760

机器编号：300042158954   开票日期：2019 年 07 月 22 日

购买方	名　称：滨海市昌盛有限公司 纳税人识别号：913711120140106369 地址、电话：滨海市阳城区华阳路 369 号　88998899 开户行及账号：中国工商银行滨海支行华阳营业部　3000001173269158	密码区	(略)

货物或应税劳务名称	规格型号	单位	数量	单价	金额	税率	税额
*金属制品*A 材料	10×20	吨	250	1200.00	300000.00	13%	39000.00
*金属制品*B 材料	20×20	吨	100	400.00	40000.00	13%	5200.00
合　计					￥340000.00		￥44200.00

价税合计(大写) ⊗叁拾捌万肆仟贰佰元整　　　　　　　　(小写)￥384200.00

销售方	名　称：滨海市信达有限公司 纳税人识别号：913712120140309147 地址、电话：滨海市海淀区华盛路 147 号　88778877 开户行及账号：中国工商银行华盛支行营业部　3000001193372416	备注	

收款人：　　　　　复核：　　　　　开票人：　　　　　销售方：(章)

第三联：发票联　购买方记账凭证

表 4-1-30

滨海增值税专用发票

抵扣联

15-3/4

370111568322

№ 045734760

机器编号：300042158954

开票日期：2019 年 07 月 22 日

购买方	名　　称：滨海市昌盛有限公司 纳税人识别号：913711120140106369 地址、电话：滨海市阳城区华阳路 369 号 88998899 开户行及账号：中国工商银行滨海支行华阳营业部 3000001173269158	密码区	（略）

货物或应税劳务名称	规格型号	单位	数量	单价	金额	税率	税额
*金属制品*A 材料	10×20	吨	250	1200.00	300000.00	13%	39000.00
*金属制品*B 材料	20×20	吨	100	400.00	40000.00	13%	5200.00
合　　计					¥340000.00		¥44200.00

价税合计（大写）⊗叁拾捌万肆仟贰佰元整　　　（小写）¥384200.00

销售方	名　　称：滨海市信达有限公司 纳税人识别号：913712120140309147 地址、电话：滨海市海淀区华盛路 147 号　88778877 开户行及账号：中国工商银行华盛支行营业部　3000001193372416	备注	

收款人：　　　　复核：　　　　　　　　开票人：　　　　　　　　销售方：（章）

第二联：抵扣联　购买方扣税凭证

假设应收数量和实收数量相符，请填写完整收料单如表 4-1-31 所示。

表 4-1-31

滨海市昌盛有限公司收料单

15-4/4

供应单位：　　　　　　　年　月　日　　　　　　收料单编号：

材料类别：　　　　　　　　　　　　　　　　　收料仓库：

编号	名称	规格	单位	数量		实际成本					备注
				应收	实收	买价		运杂费	其他	合计	
						单价	金额				
合　　计											

主管：×××　采购员：×××　检验员：×××　记账员：×××　保管员：×××

此联　记账联

表 4-1-32

中国工商银行　进账单　（收账通知）

2019 年 07 月 26 日

出票人	全称	滨海大观园商场	收款人	全称	滨海市昌盛有限公司
	开户银行	中国工商银行滨海支行华阳营业部		开户银行	中国工商银行滨海支行华阳营业部
	账号	3000001174147326		账号	3000001173269158

金额	人民币（大写）	壹拾柒万肆仟肆佰元整	千	百	十	万	千	百	十	元	角	分
				¥	1	7	4	4	0	0	0	0

票据种类	转账支票	票据张数	1 张
票据号码			

复核　　　记账

中国工商银行滨海支行
华阳营业部
2019.07.26
转讫

收款人开户银行签章

此联是收款人开户行交给收款人的收账通知

表 4-1-33

收款收据

2019 年 07 月 26 日　　　　　　No 000758

交款单位　滨海大观园商场

收款方式　转账支票

收款事由　收到部分货款

人民币（大写）壹拾柒万肆仟肆佰元整　　　　　¥174400.00

收款单位（盖章）　会计主管：李盛利　审核：刘越　记账：刘惠　出纳：陈玮　经办：刘杜

滨海市昌盛有限公司
财务专用章

此联　收款单位记账联

表 4-1-34

370111568456　滨海增值税专用发票　№ 06215784

机器编号：300042158954　　此联不作报销、抵扣凭证使用　　开票日期：2019 年 07 月 26 日

购买方	名称：	滨海大观园商场	密码区	（略）
	纳税人识别号：	9137111201402083558		
	地址、电话：	滨海市阳城区华阳路 353 号 88995566		
	开户行及账号：	中国工商银行滨海支行华阳营业部 3000001174147326		

货物或应税劳务名称	规格型号	单位	数量	单价	金额	税率	税额
*金属制品*甲产品	JS20	件	800	400.00	320000.00	13%	41600.00
合　计					¥320000.00		¥41600.00

价税合计（大写）⊗ 叁拾陆万壹仟陆佰元整	（小写）¥361600.00

销售方	名称：	滨海市昌盛有限公司	备注	滨海市昌盛有限公司 913711201010106369 发票专用章
	纳税人识别号：	913711120140106369		
	地址、电话：	滨海市阳城区华阳路 369 号　88998899		
	开户行及账号：	中国工商银行滨海支行华阳营业部 3000001173269158		

收款人：　　　　　复核：　　　　　开票人：　　　　　销售方：（章）

第一联：记账联　销售方记账凭证

表 4-1-35　　17-1/3

中国工商银行
转账支票存根（滨）
XⅡ 300006206

附加信息 _____

_____

_____

日期 2019 年 07 月 30 日

| 收款人：滨海市供电总局阳城分局 |
| 金额：￥226000.00 |
| 用途：支付电费 |

单位主管：李盛利　　会计：刘惠

表 4-1-36　　17-2/3

滨海增值税专用发票

发票联

370111568773　　　　　№ 045789234

机器编号：300042158954　　　　开票日期：2019 年 07 月 30 日

购买方	名　　称：滨海市昌盛有限公司 纳税人识别号：913711120140106369 地址、电话：滨海市阳城区华阳路 369 号　88998899 开户行及账号：中国工商银行滨海支行华阳营业部　3000001173269158	密码区	（略）

货物或应税劳务名称	规格型号	单位	数量	单价	金额	税率	税额
*供电*电费		度	400000	0.50	200000.00	13%	26000.00
合　计					¥200000.00		¥26000.00

价税合计（大写）⊗贰拾贰万陆仟元整　　　　　　（小写）¥226000.00

销售方	名　　称：滨海市供电总局阳城分局 纳税人识别号：913700020140208521 地址、电话：滨海市阳城区华阴路 145 号　　88993322 开户行及账号：中国建设银行滨海华阴分行　3001200443218756	备注	滨海市供电总局阳城分局 913700020140208521 发票专用章

收款人：　　　　复核：　　　　开票人：　　　　销售方：（章）

第三联：发票联　购买方记账凭证

表 4-1-37

滨海增值税专用发票

抵 扣 联

17-3/3

370111568773
机器编号：300042158954

№ 045789234
开票日期：2019 年 07 月 30 日

购买方	名　　称：滨海市昌盛有限公司 纳税人识别号：913711120140106369 地址、电话：滨海市阳城区华阳路 369 号　88998899 开户行及账号：中国工商银行滨海支行华阳营业部 3000001173269158	密码区	（略）

货物或应税劳务名称	规格型号	单位	数量	单价	金额	税率	税额
*供电*电费		度	400000	0.50	200000.00	13%	26000.00
合　计					¥200000.00		¥26000.00

价税合计（大写）⊗贰拾贰万陆仟元整　　　　　（小写）¥226000.00

销售方	名　　称：滨海市供电总局阳城分局 纳税人识别号：913700020140208521 地址、电话：滨海市阳城区华阴路 145 号　88993322 开户行及账号：中国建设银行滨海华阴分行 3001200443218756	备注	

收款人：　　　　复核：　　　　开票人：　　　　销售方：（章）

第二联：抵扣联 购买方扣税凭证

表 4-1-38

材料耗用汇总表

2019 年 07 月 31 日

18-1/1

附件 6 张领料单　　　　号码：00345 至 00350　　　　金额单位：元

材料 / 平均单价 / 产品名称	平均单价	甲产品		乙产品		合计	
		数量（吨）	金额	数量（吨）	金额	数量（吨）	金额
A 材料	1200	300	360000.00	120	144000.00	420	504000.00
B 材料	400			267	106800.00	267	106800.00
合　计			360000.00		250800.00		610800.00

主管：　　　　复核：　　　　记账：　　　　制表：

表 4-1-39

工资薪酬费用分配汇总表

2019 年 07 月 31 日

19-1/1

单位：元

应借科目	甲产品生产工人工资	乙产品生产工人工资	生产车间管理人员工资	企业行政管理人员工资	合　计
生产成本——甲产品	130000				130000
生产成本——乙产品		90000			90000
制造费用			20360		20360
管理费用				19640	19640
——	——	——	——	——	——
合　计	130000	90000	20360	19640	260000

财务负责人：　　　　　　　　　　制单：

表 4-1-40

滨海市昌盛有限公司外购电费分配表

20-1/1

2019 年 07 月 31 日

用途	月用电量（度）	单价（元/度）	电费（元）
生产甲产品用电	220000	0.5	
生产乙产品用电	140000	0.5	
车间一般照明用电	21000	0.5	
企业行政部门用电	19000	0.5	
合 计	400000	0.5	

财务负责人：×××　　　　　　　　　　　　　　　制单：×××

表 4-1-41

固定资产折旧计提表

21-1/2

2019 年 07 月

使用部门	固定资产类别	月初应计提固定资产原值（元）	月折旧率（%）	月折旧额（元）
基本生产车间	房屋建筑物	1525000	0.8	
	机器设备	1600000	1.407875	
	小计	3125000	—	
行政管理部门	房屋建筑物	575000	0.8	
	运输工具	200000	0.337	
	小计	775000	—	
合 计		3900000	—	

表 4-1-42

固定资产折旧费用分配表

21-2/2

2019 年 07 月 31 日

应借科目	使用部门	2019 年 07 月份折旧额（元）
制造费用	基本生产车间	
管理费用	行政管理部门	
合 计		

财务负责人：　　　　　　　　　　　　　　　制单：

表 4-1-43

制造费用分配表

22-1/1

2019 年 07 月 31 日

产品名称	分配标准（生产工人工资）	分配率	应分配的金额（元）
甲产品			
乙产品			
合 计			

财务负责人：　　　　　　　　　　　　　　　制单：

表 4-1-44

生产成本计算单

23-1/4

产品名称：甲产品　　　　　　　　　2019 年 07 月　　　　　　　　　产量：2130 件

项目	直接材料	燃料动力	直接人工	制造费用	合计
产品费用累计					
完工产品成本					
单位产品成本					
月末在产品成本					

财务负责人：　　　　　　　　　　　　　　　　　　制单：

　　本月投产甲产品全部完工，送交数量和实收数量均为 2130 件，完成入库单的填制，如表 4-1-45 所示。

表 4-1-45

滨海市昌盛有限公司产品入库单

23-2/4

仓库：＿＿＿＿＿　　　　　　　年　月　日　　　　　　　　第×××号

编号	类别	产品名称	规格型号	计量单位	数量		单价	金　额										备注
					送交数量	实收数量		千	百	十	万	千	百	十	元	角	分	
		甲产品	JS20	件	2130	2130												
		合　　计																

此联　记账联

主管：×××　　会计：×××　　质检员：×××　　保管员：×××　　经手人：×××

表 4-1-46

生产成本计算单

23-3/4

产品名称：乙产品　　　　　　　　　2019 年 07 月　　　　　　　　　产量：1250 件

项目	直接材料	燃料动力	直接人工	制造费用	合计
产品费用累计					
完工产品成本					
单位产品成本					
月末在产品成本					

财务负责人：　　　　　　　　　　　　　　　　　　制单：

　　本月投产乙产品也全部完工，送交数量和实收数量均为 1250 件，完成入库单的填制，如表 4-1-47 所示。

表 4-1-47

滨海市昌盛有限公司产品入库单

23-4/4

仓库：_____   年　月　日   第×××号

编号	类别	产品名称	规格型号	计量单位	数量		单价	金额											备注
					送交数量	实收数量		千	百	十	万	千	百	十	元	角	分	
		乙产品	JS10	件	1250	1250												
		合　　计																

主管：×××　　会计：×××　　质检员：×××　　保管员：×××　　经手人：×××

此联　记账联

表 4-1-48

产品平均单位成本计算表

24-1/5

年　月　日

项目 产品种类	月初结存		本月入库		合计		平均单位成本
	数量	金额	数量	金额	数量	金额	
甲产品							
乙产品							

审核：　　　　　　　　　　　　　　　　制表：

表 4-1-49

滨海市昌盛有限公司产品出库单

24-2/5

仓库：×××　　　　　2019 年 07 月 12 日　　　　　第×××号

销售（领用）部门		销售部门		用途	销售给滨海人民商场										
产品编号	产品名称	规格型号	单位	数量		单位成本	金额								
				请领数量	实发数量		亿	千	百	十	万	千	百	十	元	角	分
	乙产品	JS10	件	1200	1200										
	合　　计														

会计主管：×××　　会计：×××　　发货主管：×××　　保管员：

表 4-1-50

滨海市昌盛有限公司产品出库单

24-3/5

仓库：×××　　　　　　　　2019 年 07 月 20 日　　　　　　第×××号

销售（领用）部门		销售部门				用途	销售给滨海银座商城										
产品编号	产品名称	规格型号	单位	数量		单位成本	金额										
				请领数量	实发数量		亿	千	百	十	万	千	百	十	元	角	分
	甲产品	JS20	件	1000	1000												
合　计																	

会计主管：×××　　　会计：×××　　　发货主管：×××　　　保管员：

表 4-1-51

滨海市昌盛有限公司产品出库单

24-4/5

仓库：×××　　　　　　　　2019 年 07 月 26 日　　　　　　第×××号

销售（领用）部门		销售部门				用途	销售给滨海大观园商场										
产品编号	产品名称	规格型号	单位	数量		单位成本	金额										
				请领数量	实发数量		亿	千	百	十	万	千	百	十	元	角	分
	甲产品	JS20	件	800	800												
合　计																	

会计主管：×××　　　会计：×××　　　发货主管：×××　　　保管员：

表 4-1-52

主营业务成本计算表

24-5/5

2019 年 07 月 31 日

产品名称	单位	销售数量	单位成本（元）	销售成本（元）	备注
甲产品					
乙产品					
合　计					

财务负责人：　　　　　　　　制单：

表 4-1-53

税金及附加计算表

2019 年 07 月 31 日

25-1/1

项　目	计税依据 （本月增值税）	税　率	税额（元）	备　注
城市维护建设税		7%		
教育费附加		3%		
合　计				

财务负责人：　　　　　　　　　　　　　　　　　制单：

备注：根据有关增值税专用发票抵扣联和销售凭证，计算本月增值税额，然后计算税金及附加。

表 4-1-54

月末转账明细表（一）

2019 年 07 月 31 日

26-1/1

损益类（收入类）账户名称	结转金额
合　计	

财务负责人：　　　　　　　　　　　　　　　　　制单：

表 4-1-55

月末转账明细表（二）

2019 年 07 月 31 日

27-1/1

损益类（成本费用类）账户名称	结转金额
合　计	

财务负责人：　　　　　　　　　　　　　　　　　制单：

表 4-1-56

所得税计算表

28-1/1

2019 年 07 月 31 日

项　　目	计税依据	税　　率	税　　额	备　　注
所得税费用		25%		
合　　计				

财务负责人：　　　　　　　　　　　制单：

表 4-1-57

月末转账明细表（三）

29-1/1

2019 年 07 月 31 日

损益类（费用类）账户名称	结转金额
所得税费用	
合　　计	

财务负责人：　　　　　　　　　　　制单：